Du même auteur:

«La Danse des vifs» (L'Age d'Homme, 1977)
«L'Homme et la danse» (Office du Livre/Vilo, 1981)
«A Corps perdu – la danse nue au XXe siècle» (Favre, 1983)
«Danse et ballet en Suisse» (Pro Helvetia, 1984)

et

«L'Art de la barre» (Revue neuchâteloise, 1978)
«Rosella Hightower et l'enseignement de la danse» (Adescap, 1981)
«Le Prix de Lausanne» (Adescap, 1982)

Albums parus chez Favre éditeur:

- A Corps perdu, de Jean-Pierre Pastori
- Patrick Dupond, de Jean-Pierre Pastori
- Tango, de Pablo Reinoso
- Ohmmes, de Christian Coigny
- Les meilleures photos, de Christian Coigny
- Portraits d'artistes, de Christian Coigny
- Mummenschanz, de Michel Buhrer
- Astrologie, son origine, son histoire, ses symboles, de J. et D. Parker

Si vous désirez être tenu au courant des publications de l'éditeur de cet ouvrage, il vous suffit de nous envoyer vos nom et adresse.

Siège social:
29, rue de Bourg, CH-1002 Lausanne, Suisse
Tél. 021/22 17 17 (Tél. 19 41 21/22 17 17)

Paris:
2, rue du Sabot, 75006 Paris, tél. 548 68 85

Premier dépôt légal en Suisse en septembre 1982

ISBN 2-8289-0096-7

Imprimé en Suisse en janvier 1985 par Grafiheld SA à Renens

Couverture :

Patrick Dupond dans *Les Intermittences du cœur,* de Roland Petit.

Photo de la page précédente : Patrick Dupond dans *Vaslaw,* de John Neumeier.

JEAN-PIERRE PASTORI

PATRICK DUPOND

la fureur de danser

PHOTOS DE FRANCETTE LEVIEUX

EDITIONS
PIERRE-MARCEL
FAVRE

Le texte qui suit a été rédigé sur la base des nombreux entretiens que Patrick Dupond a accordés à l'auteur, ainsi que des conversations que ce dernier a eues avec les personnes ci-dessous qui voudront trouver ici l'expression de sa gratitude :

Corinne Schmitt, Nicole Charles, Rosella Hightower, Noëlla Pontois, Claude Bessy, Jennifer Goubé, Lynne Charles, Elisabeth Cooper, Geneviève Guillot, Simone Dupuis ; ainsi que Max Bozzoni, Jean-Marie Didière, Francis Lalanne, André-Philippe Hersin, Bernard Lefort, John Neumeier, Heinz Spoerli, Alwin Nikolaïs, Moses Pendleton, Jacques Garnier, Gilbert Mayer, Daniel Franck, Norbert Schmucki, Hugues Gall, Stéphane Daubrac et Georges de La Peña.

Comme on pourra le constater, l'auteur s'est également fondé sur de multiples coupures de presse — critiques et interviews — dont le témoignage lui a paru essentiel. Ses remerciements vont donc aussi aux journalistes cités dans le texte, à Francine Grandjean et à Anne Pastori dont le concours lui a été précieux.

CHAPITRE I

La vie devant soi

« Je m'appelle Dupond, comme tout le monde. Mais avec *d.* Et je suis danseur. »

Lorsqu'en cet automne 1976, Patrick Dupond répond aux questions d'Yves Mourousi, il est couvert de la gloire que lui vaut sa médaille d'or de Varna. Il a dix-sept ans, et tout lui sourit. Un magazine de danse vient de lui consacrer sa couverture. Un reportage photographique dans « Paris-Match » lui donne un brevet de « Nouréev français ». Du « Monde » au « Parisien libéré », toute la presse quotidienne s'est fait l'écho de son fulgurant succès. Mieux : « L'Equipe » a titré : « France : deux médailles d'or ! »
C'est qu'aux Jeux Olympiques de Montréal, Guy Drut s'est distingué lui aussi... Mais la prestation de Patrick Dupond au Concours international de danse de Varna va au-delà de la seule médaille. Enthousiaste, le jury lui a décerné le « Prix spécial de l'Organisation des jeunes de la ville de Varna ». Une distinction qui, lui a-t-on assuré, n'avait jusqu'alors été attribuée qu'à Vladimir Vassiliev et à Mikhaïl Barychnikov ! De quoi tourner la tête du plus impassible !

« ...Dupond, comme tout le monde. Mais avec *d.* Et je suis danseur. » Dans son for intérieur, c'est à « danseur étoile » que Patrick songe. Cette médaille, ce titre ne font que le confirmer dans son idée qu'un jour proche il sera étoile. Une idée qu'il entretient depuis longtemps. Cinq ans plus tôt, soit en janvier 1971, « L'Equipe » — encore — au terme d'une visite au studio de Max Bozzoni, avait intitulé un article : « Patrick ou la naissance d'une étoile de la danse ».

Le journal sportif avait misé juste. Max Bozzoni aussi, qui déclarait alors :

« Patrick a tout ce qu'il faut pour devenir une grande vedette mais, je vous en supplie, ne l'encensez pas trop... »

« C'est Max qui m'a fait, explique aujourd'hui le petit rat devenu étoile. Il est le seul professeur qui m'ait vraiment compris, et qui ait su me pousser jusqu'à mes dernières limites. »

C'est assurément Max Bozzoni qui a suggéré à Patrick de se présenter au Concours de Varna.

« Il était quadrille dans le Ballet de l'Opéra, et il s'ennuyait ferme, ayant peu à danser. Pour le stimuler, je lui ai proposé de prendre part à un concours. Comme il voulait toujours être le premier partout, l'idée me paraissait devoir le séduire. »

Il n'en faut pas davantage, en effet, pour que l'adolescent redouble de vigueur au travail. Un concours international, cela se prépare ! Celui de Varna, à plus forte raison. Deux semaines de compétition, trois « tours », six variations à danser...

« Bref, ce qu'il me fallait pour me sortir d'une certaine torpeur. L'Opéra ne me convenait pas. Devenir un pion, un numéro parmi d'autres comme j'en courais le risque, je ne voulais pas. J'envisageais même de quitter la Maison. »

Dubitatif au début — les concours, ce sont toujours les autres qui les gagnent — Patrick se pique vite au jeu. Sa famille aussi : sa mère, Nicole, et Lucien, son beau-père. De plus loin, sa grand-mère, qui vit en Bretagne, suit ses progrès.

« Des vagues de progrès, se souvient Patrick. Puis des périodes de découragement. Je prenais deux cours par jour avec Max, souvent très tard le soir, après les spectacles de l'Opéra. »

Il n'est pas rare que dans le studio de la rue Rodier, la lumière reste allumée jusqu'à une heure très avancée de la nuit. Assis, adossés à la paroi, M. et Mme Charles — en fait, Patrick porte le nom d'un père qu'il n'a guère connu — assistent à la classe et aux répétitions, pour ensuite le reconduire à leur domicile de Neuilly. Fatigué, Patrick ? Jamais. Ou alors si peu. D'abord, c'est un oiseau de nuit. Comme Max Bozzoni. Ensuite, le trop-plein d'énergie qui lui a valu tant de problèmes à l'école municipale, puis à l'Ecole de danse, ne demande qu'à être exploité.

Max, Nicole, Lucien, tout le « noyau » fait corps autour du garçon. « Lucien avait de grandes ambitions pour moi. Très tôt, il a cru en moi, et très vite il m'a poussé à viser haut. Je voulais danser ? Eh bien, soit : il était d'accord. Mais alors il fallait que je devienne danseur étoile ! »

Un drame va malheureusement rompre cette belle harmonie. Le décès de Lucien Charles, en février 1976.

« Je me rappelle, c'était un samedi soir. Or ce jour-là, il était venu me voir répéter. Et il m'avait dit : « Ça y est, cette fois, c'est certain : tu vas gagner ! »

Le mois de mars arrive, et puis avril... Epoque de flottement. Très attaché à son beau-père, Patrick souffre beaucoup de sa disparition. Quant à sa mère, elle est si éprouvée qu'elle doit aller se reposer à la campagne.

« On ne savait plus si Patrick pourrait ou non se présenter à Varna. C'est Bozzoni qui, à un moment donné, lui a redonné courage. C'est lui qui lui a dit : « Allons ! Maintenant, on repart ! »

Le 10 juillet 1976, Patrick, via Sofia, atterrit dans la station balnéaire bulgare. Il n'est pas seul, bien sûr. Sa mère l'accompagne — retenu à Paris, son professeur le rejoindra pour le deuxième tour. Et puis, il y a les autres « juniors » français : Brigitte Edmon, Chantal

En 1976, avec son professeur Max Bozzoni (photo Michel Lidvac).

A Varna, avec sa mère, ainsi qu'avec Anton Dolin.

Dardenne, Elva Couturier, Caroline Llorga, Bruno Amilhastre, Gilles Cochinaire, ainsi que Jennifer Goubé qu'il connaît depuis l'Ecole de l'Opéra, et avec laquelle il danse fréquemment. Alors que Patrick se présente en « soliste », Jennifer concourt dans la catégorie « couples ». Le classement étant individuel, elle a pour partenaire un « senior » : Bernard Boucher, alors sujet à l'Opéra.

Mais cet été-là, à Varna, la France est également présente dans le jury. Directeur de la revue « Les Saisons de la Danse », André-Philippe Hersin siège aux côtés d'Alicia Alonso, de Ludmilla Chiriaeff, de Vera Kirova, d'Anton Dolin et de Yuri Grigorovitch, notamment.

« Patrick n'était pas un inconnu pour moi. Je l'avais vu dans la « Symphonie fantastique » de Roland Petit, et dans « Nana » où il m'avait époustouflé. Par ailleurs, au début de l'été, il m'avait téléphoné pour me demander si je voulais voir les variations qu'il avait préparées. J'étais donc allé au cours de Max Bozzoni. Et là j'avais pu apprécier son allant, son punch même. Sans plus. L'impression somme toute mesurée qu'il m'avait causée devait procéder de l'exiguïté du studio. Il ne pouvait y donner sa pleine mesure. A Varna, en revanche, il disposait de tout l'espace requis. »

Au soir du 10 juillet, après la traditionnelle présentation du jury au public du Théâtre de Verdure, c'est le début du premier tour. Cent vingt concurrents, juniors et seniors, participant au concours, il ne faut pas moins de cinq séances pour que chacun soit vu et noté. Effectué la veille, le tirage au sort vaut à Patrick Dupond le n° 10.

« Et moi qui pensais que c'était un mauvais numéro ! »

Superstitieux ? En tout état de cause, il ne se sépare jamais de l'anneau que son beau-père lui a offert lorsqu'il avait à peine douze ans. « Sur scène, je le dissimule sous un petit sparadrap, explique-t-il. C'est mon porte-bonheur. »

Mais qui n'est pas superstitieux dans le monde du théâtre ? André-Philippe Hersin lui-même se rappelle :

« J'étais un peu inquiet. Dans la journée, j'avais entendu deux danseuses parler de Patrick. « Le petit Français est formidable » disaient-elles. Cela me paraissait de mauvais augure... »

Très vite, pourtant, les craintes les moins rationnelles sont étouffées. En raison de certaines défections, Patrick passe en 8e position. Entre un Britannique et une Tchécoslovaque.

« On m'appelle. C'est mon tour. J'entre en scène. J'ai choisi la variation du IIe acte de « Giselle ». Je fais ma « préparation ». Une mesure de musique durant laquelle j'ai un port de bras et un dégagé. Et tout de suite, le public qui applaudit. J'entame donc la variation. Première cabriole : les spectateurs crient bravo. Je fais toute la variation sous les applaudissements, au point de ne plus entendre la musique. »

Est-il bouillant, Patrick, lorsqu'il quitte le plateau ! Mais il n'a pas longtemps la possibilité de savourer ce succès. Quatre concurrents encore, et c'est à nouveau à lui. Lorsqu'il remonte sur la vaste scène — 16 m × 18 m — à ciel ouvert, et qu'à nouveau il fait face aux vingt-trois jurés, et aux centaines de spectateurs qui ont pris place sur les gradins, il est bien décidé à « mettre le paquet ».

« J'ai alors à présenter la variation du IIIe acte du « Lac des Cygnes ». Un grand silence pendant que je danse. Après quoi, un déluge d'applaudissements.

» Je regrettais beaucoup que Max n'ait pas été là pour vivre cet instant. Je crois que jamais plus je ne connaîtrai une expérience pareille. Je crois d'ailleurs que je n'en ai pas connu d'autre. Ah ! si, à Chicago. J'entends par là un contact aussi intense avec un public qui me découvrait. »

André-Philippe Hersin confirme :

« Il a été soufflant. En plus d'une brillante technique, il avait le culot des gagneurs. Grigorovitch, Dolin, les Bulgares... tous les jurés étaient éblouis. »

Rien d'étonnant à ce que dès le premier jour Patrick domine la catégorie juniors.

Le voilà donc sur une excellente orbite. Il s'agit de s'y maintenir. Patrick dispose maintenant de six jours pour peaufiner, pour autant qu'il en soit encore besoin, les deux variations qu'il lui appartient de danser au deuxième tour : « Etudes » et « Destin ».

« Je me sentais tout de même un peu désemparé. Je logeais avec les autres concurrents à l'hôtel Varna, alors que ma mère comme tous les accompagnateurs était descendue dans un établissement situé dans la zone touristique, au bord de la mer. Je ne disposais évidemment de personne pour me faire répéter. Les Russes, eux, étaient arrivés à Varna avec leurs pianistes, leurs masseurs attitrés. Ils pouvaient travailler longtemps sur scène parce qu'ils étaient en groupe, tandis que nous, les Français, nous avions le plateau à des heures impossibles. »

« C'est vrai qu'après le premier tour, on s'est sentis assez seuls, précise Mme Charles. Un soir, assez tard, nous étions au restaurant, et Patrick qui n'appréciait guère la cuisine bulgare voulait absolument manger des tomates en salade. Inutile de vous dire que nous n'avons pu en obtenir. Mauvais approvisionnement, service négligent, je ne sais pas. Il s'est donc rabattu sur les yaourts qui, eux, ne manquaient pas. Conséquence, il a été malade. Quoique momentané, son affaiblissement nous a inquiétés... »

A Varna, les concurrents sont pris en charge (logement et repas) par le comité organisateur. Mais en cette année 1976, les conditions de séjour sont loin d'être idéales. L'hôtel Varna est extrêmement bruyant.

« J'étais dans un état d'excitation incroyable, se souvient Patrick. Je ne parvenais pas à dormir la nuit. J'essayais de me reposer la journée, encore qu'il fît très chaud ! Comme les produits frais manquaient, et que durant des jours je ne me suis nourri que de toasts et de yaourts, j'ai perdu plusieurs kilos. De malnutrition et de nervosité. »

« Heureusement, à la veille du troisième tour, nous avons pu changer d'hôtel, commente Jennifer Goubé. Il ne nous était plus possible de rester au Varna. Alors on nous a logés dans la zone touristique, aux Sables-d'Or. »

A la veille du troisième tour, seulement... Pour l'instant, Patrick se prépare pour le deuxième. En attendant l'arrivée de Max Bozzoni — « Je ne m'en faisais pas : j'étais convaincu qu'il passerait le premier tour sans difficulté » — il travaille avec sa mère, avec Paul et Yvonne Goubé, et même avec Anton Dolin et John Gilpin.

C'est que, comme tous les concours de ce type, Varna est un carrefour. Et que les rencontres que l'on peut y faire sont susceptibles d'avoir une incidence sur le développement d'une carrière.

Patrick :

« Oui, Varna m'a permis de faire la connaissance de plusieurs personnalités de grand intérêt. John Gilpin m'a fait répéter « Etudes ». Anton Dolin m'a coaché pour « Giselle ». Le président du jury, Yuri Grigorovitch qui était invité par l'Opéra à monter « Roméo et Juliette », m'a assuré qu'à Paris il me donnerait « Mercutio ». Et puis, il y avait Lynne Charles. »

Lynne Charles : une concurrente, catégorie « seniors ». Cette jeune Américaine formée à la Harkness School et à l'American Ballet Theatre School, fait partie depuis un an du Ballet de Hambourg. Elle ne se doute pas qu'elle reviendra de Varna une médaille de bronze autour du cou. Et elle est loin de deviner que, dans moins d'une saison, John Neumeier fera d'elle l'une de ses meilleures solistes.

« Lynne Charles a eu une influence certaine sur moi. Elle a attendu la fin du deuxième tour pour me parler. J'étais en train de répéter le « Corsaire » sur la scène du Palais des Sports. J'étais évidemment en période de technicité. Je veux dire qu'alors seules comptaient pour moi les prouesses techniques. J'explosais littéralement. Lynne qui, au contact de Neumeier, était habituée à plus d'inspiration, m'a fait comprendre que je devais mettre autre chose encore dans ma danse. « Il faut que tu le vives, ton « Corsaire », m'a-t-elle dit. Il faut que tu aies l'impression de participer à un pas de deux. »

Dans *Le Corsaire* (photo studio Liseg).

Sur la scène du Théâtre de Verdure, dans le solo que lui a réglé M. Bozzoni.

« Je connaissais bien la variation du « Corsaire », mais pas l'entier du pas de deux. Dès ce moment, nous ne nous sommes plus quittés. »

Vendredi 16 juillet 1976, Patrick Dupond est à nouveau en huitième position dans l'ordre de passage sur scène. Cette fois, il danse la mazurka d'« Etudes », et s'y montre « égal à lui-même, c'est-à-dire hors concours » [1], commente un spectateur du Théâtre de Verdure. Soudain, dans le ciel, un nuage crève. Et la pluie vient interrompre le spectacle. Les chorégraphies « contemporaines », que le règlement exige au deuxième tour, sont renvoyées au lendemain.

Ouvrant les feux, le 17 juillet donc, Patrick interprète « Destin », une variation que Max Bozzoni lui a réglée sur « L'Orage » de la « Symphonie pastorale ». Nouvelle performance saluée tant par les applaudissements frénétiques du public que par les excellentes notes des jurés. Au terme du deuxième tour, Patrick est toujours en tête : six points d'avance sur les autres... L'écart est tel qu'il faudrait un accident pour que le premier prix lui échappe !

Près d'une semaine à tuer. C'est au soir du 22 juillet seulement qu'il passe ses deux dernières variations. Il a choisi de terminer par un feu d'artifice : « Don Quichotte » et « Le Corsaire ».

Patrick :

« Il s'est produit une chose très curieuse, ce soir-là. A l'appel de mon nom, j'entre en scène, et je me place en quatrième, devant, sur demi-pointe. La musique démarre. Mais ce n'est pas la bonne. C'est « Etudes ». Sans me laisser décontenancer, je suis resté ainsi, en quatrième position, jusqu'à la fin de la bande. Et au moment de sortir, j'ai fait une grande arabesque. Le public s'est mis alors à hurler. C'était fantastique... Je suis convaincu que cet « incident » était destiné à porter atteinte à mon image : j'aurais dû me troubler, perdre mes moyens... Eh bien, non.

» Un moment plus tard, on me fait à nouveau signe. Je reviens en scène. Silence. Et j'attends. J'attends toujours. Rien ne vient. Goutte après goutte, la sueur coule sur mon visage. Tout à coup, je perçois un mouvement dans la foule. C'est une femme qui se lève, qui descend la travée et qui me rejoint. Elle s'installe au piano. La voilà qui attaque « Don Quichotte ». Et je danse. Pour la première fois, je fais dix pirouettes en scène. Dix tours, fini, équilibre. Un délire dans l'amphithéâtre !

» En coulisses, je retrouve Max qui, lui, est dans tous ses états, excité comme jamais. Moi, je suis très calme, je me sens maître de la situation. Une griserie. Quand on a éprouvé cela, on comprend mieux qu'un Nouréev, à 44 ans, ne veuille pas se retirer !

» Je suis donc en coulisses. Et Max me dit : « Non, il ne faut pas bisser ! » Mais en même temps, quelque chose en moi me dit :

« Allez ! vas-y ! » Je retourne donc en scène. Je bisse ma variation. Après quoi, je couvre ma pianiste de baisers : elle m'a sauvé la vie. »

André-Philippe Hersin témoigne de la qualité de cette interprétation : « Dupond dansa de façon éblouissante. Son « Don Quichotte » notamment fut acclamé par un public qui l'avait adopté d'emblée. La rapidité de ses pirouettes, le dynamisme de ses sauts provoquèrent l'admiration de tous. » [2]

Un jugement qui corrobore la relation donnée par Wilfred Hofmann : « Quand il monte sur demi-pointe, avant d'attaquer sa variation, c'est non seulement la promesse que quelque chose de formidable va suivre, mais déjà un événement en soi. » [3]

Quant à James Kennedy, il confirme :

« Ce garçon fit l'effet d'un prodige. Personne, que ce soit parmi les seniors ou les juniors, ne l'égalait dans les sauts et dans les tours ni dans la précision technique. » [4]

Enfin, à l'appui encore, cette observation de Walter Terry, lui aussi membre du jury :

« Les spectateurs applaudissaient le jeune Patrick à la seule mention de son nom. »

Très vite, le public de Varna, lorsqu'il parle de Dupond, fait référence à Barychnikov. Lequel, dix ans plus tôt, a décroché ici même une médaille d'or. Patrick n'a pas de véritable rival. Et la manière dont, enfin, il enlève sa variation du « Corsaire » convainc les plus sceptiques.

« Là encore, un incident. Max et moi, nous avions convenu que je me placerais dans le noir. La lumière ne doit être faite qu'à l'instant où l'on lancera la musique. Seulement le magnétophone est enclenché sans que les projecteurs soient allumés pour autant. Je danse donc... dans l'obscurité, en sorte que les spectateurs ne voient que le dernier saut de ma diagonale. Tant pis ! Je me dépasse, et j'exécute un manège triple. Une ovation encore. Je n'ai plus qu'à attendre le palmarès. »

Trois jours de détente, cette fois. Patrick a la conviction que la médaille d'or est pour lui. Ce qu'il ne sait pas, c'est que le jury lui réserve une surprise. Dans l'après-midi du 25 juillet, Paul Goubé vient le voir :

« Pour la médaille, je crois que c'est bon. Mais il pourrait y avoir autre chose... »

Patrick n'en croit pas ses oreilles. Des bruits de coulisses, certes, mais tout de même... Autre chose ? Quoi ? Il ne va pas tarder à le savoir. Quittant rapidement le banquet du jury, André-Philippe Hersin se fait déposer à l'hôtel Varna. Il piaffe d'impatience à l'idée

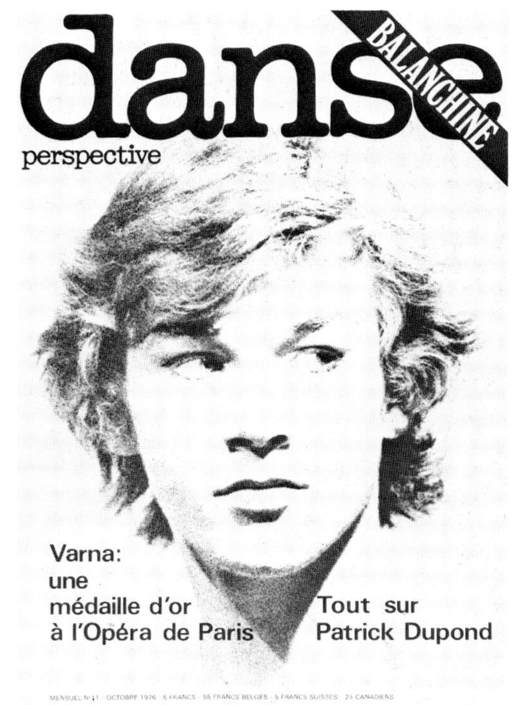

Couverture de « Danse Perspective », octobre 1976.

d'avoir à annoncer la bonne nouvelle. Classé premier à chaque tour, Patrick a huit points d'avance sur son dauphin, le Belge Ben van Cauwenbergh. Pour distinguer nettement les prestations des deux concurrents, le premier prix n'est pas attribué. Patrick Dupond obtient le Prix d'Excellence et le Prix spécial de l'Organisation des jeunes de la ville de Varna. Ben van Cauwenbergh décroche le deuxième prix « seulement ».

« Patrick sautait au plafond, sourit le juré français. Quant à moi, j'étais radieux : pensez ! un danseur de l'Opéra qui obtenait un tel succès alors même qu'à Paris Jacques Chirac parlait de fermer la Maison ! »

Chez les juniors filles, la France n'est pas absente non plus du palmarès : Jennifer Goubé se voit décerner un « Prix d'encouragement ». Paralysée par le trac au premier tour, elle s'est partiellement rattrapée par la suite.

La cérémonie de clôture est fixée à 20 h 30. Pas question de la vivre la tête froide. « Je me suis saoulé à la vodka » se souvient Patrick. Décontracté, tout sourire, le jeune danseur reçoit, le soir venu, diplôme et médaille des mains de Yuri Grigorovitch. Six ans plus tard, il ne sait pas ce qu'il est advenu de la médaille. Quant au diplôme, il est enseveli, dans son étui de gros cuir, au fond d'une armoire fourre-tout. *Sic transit...*

« C'est après la cérémonie officielle, de retour dans ma chambre d'hôtel, que j'ai craqué. Je « décompressais » et, en même temps, je pensais à mon beau-père qui, durant plusieurs mois, avait vécu pour cet instant. Et qui en était privé. »

Cérémonie de clôture : Yuri Grigorovitch lui remet son diplôme.

CHAPITRE II

L'enfant terrible

Lorsqu'il rentre à Paris, Patrick a dans la poche plusieurs propositions d'engagement. Alicia Alonso lui offre de venir danser l'« Oiseau bleu » à Cuba. Et puis, il y a le Théâtre Mali de Leningrad, le Joffrey Ballet, l'American Ballet Theatre, d'autres compagnies encore, qui — l'espace d'un gala — seraient également heureux de bénéficier de sa participation.

Max Bozzoni et André-Philippe Hersin battant le tam-tam, toute la presse française se fait l'écho de sa performance bulgare. Année faste pour l'Opéra : 1976 voit encore Florence Clerc et Charles Jude remporter un troisième prix au Concours de Tokyo ! Mais la médaille d'or de Patrick fait davantage de bruit. Le magazine « Danse Perspective » lui consacre même sa couverture. Le jeune danseur n'est évidemment pas insensible à toutes ces marques d'intérêt. Il y voit la reconnaissance de ses dons et de son talent. Juste retour des choses, pense-t-il. Durant des années, il a été l'enfant terrible de l'Ecole de danse de l'Opéra, souvent menacé de renvoi, à tout le moins de sanctions. Durant des années, il s'est trouvé en butte à l'opposition de certains de ses professeurs. Ce succès, ce triomphe même, c'est pour lui comme la reconnaissance de son individualité.

Le « cas » Dupond se caractérise précisément par une lutte constante contre tout ce que les structures peuvent avoir de contraignant, par un combat larvé contre une forme de discipline jugée étouffante. Patrick n'est pas garçon à se couler dans un moule. L'Ecole de danse n'a pas eu raison de sa personnalité. L'Opéra, dans le corps de ballet duquel il est entré voilà dix-huit mois, n'y parviendra pas non plus. Mais cela, le jeune quadrille n'en a pas la moindre idée. Il ne se doute évidemment pas de la bataille qu'il aura encore à mener. Contre l'Administration, et contre lui-même...

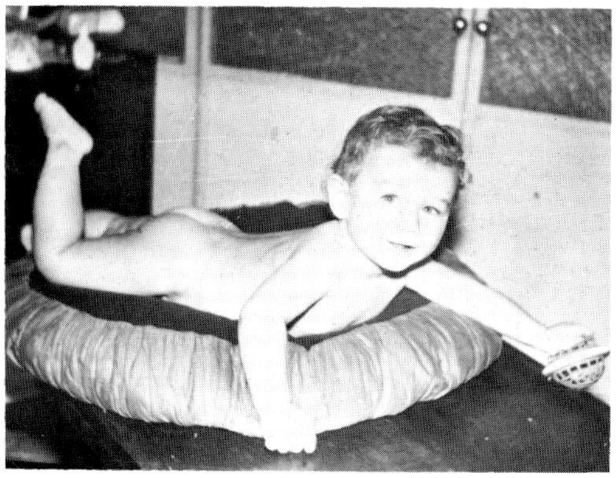

Patrick Dupond est poisson. Ceci explique peut-être cela. Il est né le 14 mars 1959, à Paris, clinique des Bleuets. Un beau bébé de 3 kg 650 ! Un bébé qui — il s'en est fallu de peu — aurait pu ne jamais voir le jour.

Sa mère est très jeune lorsqu'elle se trouve enceinte. Dix-sept ans et demi. Dans sa famille, on n'est pas convaincu tout de suite de l'opportunité de cette naissance à venir. Pour calmer les esprits, un mariage est célébré à la hâte. Mais il devient vite évident que le couple n'est pas fait pour durer. Patrick n'a pas un an que le divorce est déjà prononcé. Après l'exit du père qui ne réapparaîtra que deux fois en vingt-deux ans, le garçon est placé chez une nourrice, « Mémé Noël ». Une femme extraordinaire qui, à Juvisy, dans la banlieue sud de Paris, laisse vivre les enfants qui lui sont confiés dans une liberté presque totale.

« Elle les élevait comme des petits sauvages, dit Mme Charles. Aux repas, c'était de grandes tablées. Le reste du temps, il y avait le jardin dont ils rentraient épuisés et tout crottés. Suivait alors la douche pour tout le monde. »

Liberté, nature. De ces deux à trois ans passés ainsi chez « Mémé Noël », Patrick a gardé des traces profondes. Son caractère indépendant et sa joie de vivre tout comme son amour des plantes et des animaux s'y sont affirmés.

« Mon premier souvenir, c'est ma mère venant me chercher chez ma nourrice, le dimanche. Il y avait une grande allée, et je la vois encore s'approcher en tailleur Chanel orange.

« Le second souvenir que je conserve de ma petite enfance, c'est l'odeur du pain grillé, et le goût sucré du lait condensé que ma grand-mère me donnait lorsque j'allais chez elle. »

La situation personnelle de sa maman s'étant améliorée, Patrick retourne vivre auprès d'elle. Il a quatre ans, et il fait la connaissance de celui qui tiendra pour lui le rôle du père : Lucien. Mais les choses ne vont pas toutes seules. Patrick est un enfant difficile.

« Difficile parce que très sensible, reprend Mme Charles. Avec lui, on se sentait comme sur une corde raide, hésitant entre ce qu'il fallait dire et ce qu'il ne fallait surtout pas dire. Un rien pouvait le blesser très profondément. »

Patrick, qui habite rue du Château, fréquente bientôt les écoles du 14e arrondissement. Les écoles, oui. C'est qu'il lui arrive de se faire renvoyer... Un garçon turbulent, et qui a beaucoup d'emprise sur ses camarades... Il fait des bêtises, il incite les autres à en commettre !

« C'est vrai, j'étais indiscipliné. Je faisais les quatre cents coups. Un jour on m'a retrouvé perché sur une gouttière, au troisième étage. Les flics sont venus me chercher. »

Les débuts dans le studio de Max Bozzoni. ▷

Ce qu'il faisait là...

« J'avais coincé les clés d'un copain sur un balcon. A un moment donné, il a bien fallu aller les chercher. Mais je me suis retrouvé bloqué ! J'ai fait beaucoup de plaisanteries de ce goût-là. Avec d'autres enfants, on plaçait des pétards à mèche dans les serrures des portes. On faisait du patin à roulettes sur un chantier, renversant par mégarde des bacs de ciment... La bande à Dupond était connue dans le 14e ! »

Indubitablement, Patrick est un enfant agité. Les fines cicatrices qui zèbrent aujourd'hui encore sa joue droite sont les marques des griffures qu'il s'infligeait lui-même.

« Je devais avoir six ans lorsque ma mère m'a emmené aux « Enfants malades » pour y subir un examen psychologique. Je crois que j'étais vraiment insupportable : il m'arrivait de me rouler par terre de rage ; je pleurais pour des péccadilles... »

C'est pourtant cet enfant-là qui, à l'école maternelle de la rue de l'Ouest, obtient un album du Père Castor — « Le Petit Poisson d'or » — à titre de prix de fin d'année scolaire, mention « assez bien ». Un livre qui a survécu à une adolescence mouvementée et à plusieurs déménagements. Tout comme un « Pinocchio », un « Peter Pan », une « Calinette et l'oiseau de porcelaine ». Merveille de l'enfance... Imagine-t-on Patrick Dupond dévorant, jamais rassasié, les aventures de Calinette ? En revanche, on le voit beaucoup mieux en train de lire et de relire « Le Violon enchanté ». Le sortilège attaché à cet instrument fait danser toutes celles et tous ceux qui se trouvent dans le voisinage.

« C'est pour la danse que je suis né, confirme Patrick. C'est pour elle que je suis fait. »

Mais comment en a-t-il pris conscience ?

Nicole Charles :

« C'est bien simple : nous n'en pouvions plus. Sa vitalité nous épuisait. Levé de bonne heure, couché tard, Patrick paraissait infatigable. Il fallait absolument que je puisse me reposer de temps à autre. Je me suis dit que l'idéal serait qu'il participe à une des activités offertes par son école le dimanche matin. »

A choix : football, judo, danse...

Le football ? Patrick n'est guère intéressé.

Le judo ? Pourquoi pas ? Malheureusement, il faut être âgé de neuf ans, au moins pour être admis. « En attendant, faites-lui donc pratiquer un sport qui allonge les muscles » conseille l'entraîneur.

Est-ce que le basket, est-ce que le volley-ball allongent les muscles ? Est-ce que la danse... ? Quittant la halle de judo, Patrick et sa mère longent une salle de laquelle filtrent les éclats d'un cours de danse. C'est la musique qui arrête Patrick. C'est ensuite le mouvement qui le séduit. Il ne deviendra pas judoka. Il sera danseur !

A huit ou neuf ans — on ne sait trop —, Patrick Dupond lace ses premiers chaussons. L'installation est rudimentaire : carrelage au lieu de plancher, croit-il se souvenir ; bancs à la place des barres... Patrick n'en a cure. Il danse. Sur les pointes... comme les petites filles qui forment la quasi-totalité du cours. Le professeur, une grosse dame qui se dit « de l'Opéra », n'est certainement pas un grand pédagogue. Mais elle a l'intelligence de connaître ses limites. Très rapidement, elle prend conscience du fait que le jeune garçon peut faire autre chose que des échappés et des pas de bourrée.

« Vous savez que votre enfant est doué ! dit-elle un jour à Mme Charles. Vous devriez aller voir un autre professeur. »

On ne rendra jamais assez grâces à cette jeune personne qui, plutôt que de s'approprier Patrick comme tant d'autres l'auraient fait, juge préférable de l'envoyer dans un cours d'un niveau plus élevé.

Mais où ? Les parents de Patrick ne savent à qui s'adresser. Le monde de la danse leur est encore étranger.

« J'ai parlé de cela autour de moi, se souvient Nicole Charles. Un de mes collègues de travail était lié à la teinturière de Tessa Beaumont. Interrogée, cette dernière suggéra Max Bozzoni. »

La teinturière prend note de ce nom : Max Bozzoni. Elle le communique au collègue de Mme Charles, lequel le transmet à son

De précoces talents d'acteur : Patrick en colonie de vacances.

Patrick aux sports d'hiver (1967) : il lui faudra bientôt renoncer au ski.

tour. Et un beau jour, voilà Patrick rue Rodier, dans une salle qui avait servi, par le passé, à l'entraînement des boxeurs de l'écurie Gaston-Charles Reymond.

« J'hésitais tout de même un peu à pousser Patrick dans cette voie, admet sa maman. J'avais peur que le métier de danseur ne soit pas stable, qu'il ne permette pas de gagner sa vie. Et puis, des gens disaient que sans piston on ne pouvait réussir dans la danse. Or nous ne connaissions absolument personne... »

Ni Nicole ni Lucien Charles ne forcent donc Patrick à retourner chez Max Bozzoni. La première leçon lui a laissé un sentiment de déception. La raison en est que chez Bozzoni, plus question de satisfaire cette passion pour les pointes !

Pas de pointes : mais alors est-ce que cela vaut la peine de danser ? Patrick ne retient pas ses larmes. Il n'a plus guère envie de prendre de cours. Progressivement tout de même, son goût pour le mouvement l'emporte. Il suivra trois leçons par semaine. Ensuite ce sera tous les jours.

« On ne peut pas dire qu'il était extraordinairement doué, note Max Bozzoni. Mais il était souple, et il avait le sens de l'équilibre. Pourtant il m'a rapidement intéressé. Sa personnalité m'a frappé. On devinait chez lui une bête de scène. »

Patrick n'a rien d'un paresseux. Comme Bozzoni n'a pas suffisamment d'élèves avancés pour être à même de multiplier les cours « professionnels », il va répéter ses bases plusieurs années durant en prenant des classes de débutants. Et de femmes (amateurs) : il lui arrive même de se trouver à la même barre que sa mère... « Pour voir », Mme Charles tâte aussi de la danse.

Max Bozzoni :

« Il travaillait facilement quatre heures par jour. Je connais peu d'enfants qui, jusqu'à l'âge de 16 ans, aient si peu compté leurs efforts. Mais cela, apparemment, personne ne le soupçonne aujourd'hui. »

Il est vrai que depuis que Patrick est devenu Dupond, on a accrédité l'idée qu'« il ne travaille pas ». Savoir qu'il ne prend plus de cours, qu'il cède aux facilités qui sont devenues les siennes.

Toujours est-il que, ce labeur acharné aidant, le jeune élève de Bozzoni montre d'étonnantes dispositions. Il est à peine âgé de 12 ans que déjà un journal — « L'Equipe » — lui consacre un article.

« Si je n'avais pas été danseur, j'aurais voulu être sauteur à la perche » déclare-t-il, péremptoire.

— Et pourquoi donc ?

— J'aime voler haut. »

A lire les propos qu'il tient à Gérard Edelstein, on prend conscience de l'importance que la danse revêt dans son esprit.

« Avant, j'étais insupportable. Mais depuis que chaque après-midi je me consacre à la danse, je suis devenu très sage, et de surcroît je travaille beaucoup mieux en classe. »

Le fait est que Patrick est très stimulé par un événement qui va déterminer le cours de sa carrière : son entrée à l'Ecole de danse de l'Opéra.

« Si je n'avais pas été admis à l'Opéra, je me serais fait naturaliser Russe pour entrer au Bolchoï » dit-il encore.

L'Opéra : Patrick devait y aller. C'était écrit. Tout l'y poussait. Et tous, Max Bozzoni inclus : il y fut étoile lui-même de 1947 à 1963, et

Une ouverture de jambes déjà spectaculaire (photo L'Equipe).

Décembre 1971, Patrick s'apprête à prendre part, comme les autres élèves de l'Ecole de danse, au défilé du corps de ballet.

il y retournera bientôt comme professeur. Aux examens, Patrick est reçu premier.

Sa mère :

« Nous avons toujours exigé qu'il soit premier. Je crois que nous avons été assez durs avec lui. Pour lui éviter tout accident, nous lui avons supprimé le ski, le cheval, la mobylette... D'ailleurs Maître Bozzoni lui a enseigné la danse dans la seule perspective de devenir danseur étoile. Quand il était fatigué, Patrick s'entendait dire : « Imagine-toi que tu es danseur étoile. Est-ce que la fatigue t'autorise à t'écrouler en scène ? »

Patrick :

« C'est vrai, le travail chez Max était astreignant. J'étais poussé jusqu'à mes dernières limites. Au point qu'il m'arrivait de pleurer. »

Dûment drillé, Patrick entre donc à l'Ecole de l'Opéra. Il ne rompt pas pour autant avec l'enseignement de Bozzoni. En lui — pour reprendre l'expression de Mme Charles — il a trouvé un « maître ».

« Il m'a tout appris, dira-t-il plus tard. Il m'a appris à danser, il m'a appris à respirer, il m'a appris le contact avec les gens, il m'a appris à vivre. »

A l'Opéra, Patrick a, comparativement, des « professeurs ». Et avec certains de ces professeurs, des problèmes... C'est qu'il n'est pas docile, en dépit de sa « petite tête d'ange » et de ses « yeux pétillants de malice » (G. Edelstein dixit). Un enfant terrible, oui !

Certes, sa scolarité se présente sous de meilleurs auspices depuis que la danse canalise un peu son énergie. « Doué, mais peut mieux faire » notent presque systématiquement ses professeurs, rue de Surène, puis lycée Racine. « Attachant, mais peu discipliné. » En revanche, à l'Ecole de danse, Patrick se heurte à des personnalités aussi intransigeantes que lui.

Max Bozzoni :

« Certains ont voulu le plier. Ce n'était pas la bonne méthode. Patrick éprouvait un tel besoin de s'extérioriser qu'il ne pouvait se soumettre à une discipline rigide. C'était, c'est un individu qui échappe aux lois des autres. »

Le fait qu'il conserve un professeur en dehors de l'Ecole ne contribue pas non plus à soigner son image de marque.

« Bien sûr, j'ai énormément appris à l'Opéra. Malheureusement, au début surtout, on s'y faisait fort de détruire toutes les notions que Max m'inculquait. »

« Les éléments qui ont du génie sont les plus difficiles à enseigner, constate Daniel Franck. A douze ans, il était déjà Patrick Dupond. »

« Milieu » à l'Ecole de danse de l'Opéra (photo Colette Masson).

Ce qui se passe, c'est qu'insensiblement Patrick, toujours premier, montre une tendance à préférer le « travail sur les dons » à l'exercice en profondeur.

« A 14 ans, il tournait comme une toupie, confirme Gilbert Mayer. Il avait un sens de la giration extraordinaire. En revanche, son saut était très moyen. Seulement, il compensait cela par une qualité rare : la faculté de donner l'impression de s'arrêter en l'air. »

Curieux, en effet, de voir comment Patrick parvient peu à peu à acquérir ce « ballon » qui confère à ses variations un caractère proprement aérien.

Mme Charles :

« Maître Bozzoni lui a énormément fait travailler son saut. Il lui faisait porter des ceintures de plomb, comme celles des plongeurs. »

Autre sujet d'étonnement : sa souplesse qui lui permet de surprenants cambrés, et son lever de jambes. Avec de telles aptitudes, il devrait éprouver des difficultés pour ses pirouettes. D'habitude, les danseurs ont les défauts de leurs qualités. Eh bien, pas du tout...

Outre son indiscipline, tel ou tel professeur stigmatise certaines de ses insuffisances : le travail des pieds qui laisse à désirer, les genoux pas aussi tendus qu'il faudrait, les « cinquièmes » qui pourraient être mieux fermées... Mais tous, sans l'ombre d'une hésitation, se plaisent aussi à reconnaître ses dons éclatants :

« Patrick Dupond, c'est un chat, dit l'un. On le lancerait en l'air, il retomberait sur ses pattes. »

« Un phénomène, surenchérit un autre. Très intelligent et très instinctif. »

Ses résultats sont naturellement en proportion : Patrick est toujours en tête de sa division. « Sauf la première année, précise Nicole Charles. Il avait été si déçu qu'il avait pleuré toutes les larmes de son corps. Pauvre petit chou ! »

Par-delà la pure technique, il s'impose comme une véritable bête de scène. C'est que pour donner sa pleine mesure, il a besoin d'un public. Il se souvient d'ailleurs que « dès qu'un visiteur venait assister à un cours, je me plaçais devant. On me disait de faire deux tours, j'en exécutais trois. »

C'est dire que, doté d'un tel tempérament, il n'éprouve aucune crainte à l'idée de passer des examens.

Daniel Franck :

« Alors que les autres élèves tremblaient de trac, lui se faisait un point d'honneur d'« enlever » le jury. »

Patrick a déjà une petite expérience de la scène. Il a participé à divers spectacles que Max Bozzoni a montés. La première fois, c'était à Aubervilliers.

« Ça a été une révélation pour moi. J'ai découvert le monde des danseurs : comment ils se comportent, comment ils se maquillent... Alors seulement, j'ai compris ce qui me motivait vraiment. J'ai pris conscience de la magie de la scène. J'ai éprouvé comme le sentiment d'exploser. »

Sa participation à un autre spectacle, une pièce de théâtre, révèle les autres cordes dont son arc est pourvu : il tient un des rôles d'enfants de « Sud », de Julien Green, que Raymond Gérome met en scène.

A l'Ecole de danse, un professeur, tout de même, marque Patrick Dupond. Peut-être parce que sa méthode de travail se rapproche de celle de Bozzoni. C'est Michel Renault. Hasard ? Michel Renault a été élevé au rang d'étoile à l'âge de 19 ans. Il était d'ailleurs le plus jeune de la « constellation » de l'Opéra. Patrick aura 21 ans lorsqu'il obtiendra ce titre. Un record aussi ! La plupart des danseurs ne sont pas consacrés avant 24-25 ans. Un Michaël Denard, étoile pourtant flamboyante, a dû attendre d'avoir 27 ans.

Michaël Denard ! Il vient d'être nommé lorsque Patrick lui demande d'être son « petit père », une tradition de l'Opéra. Le « petit père », la « petite mère », choisis parmi les artistes du Ballet, sont les conseillers, parfois les confidents, des élèves. Souvent même ils incarnent l'idéal à atteindre. Michaël Denard est évidemment le modèle par excellence pour Patrick. Pourtant...

« J'attendais beaucoup de mon petit père... je n'ai pas reçu beaucoup, soupirera-t-il un jour. Mais ce n'est pas vraiment de sa faute, le pauvre, il a tellement de travail ! » [5]

Moins de dix ans plus tard, Patrick constatera lui-même que cette surcharge empêche réellement de suivre comme il le faudrait les élèves dont il est, à son tour, le « petit père ».

« J'en ai beaucoup. Mais avec la meilleure volonté du monde, je ne peux pas m'en occuper. »

Sa « petite mère », c'est Claude Bessy qui n'est pas encore directrice de l'Ecole de danse. Patrick va souvent la voir dans sa loge d'étoile.

« Il venait pour le plaisir, bien sûr ; mais aussi pour me raconter ses malheurs : comme il arrivait souvent en retard, il se faisait mettre à la porte par certains professeurs. C'était un garçon enthousiaste, vraiment hors du commun. Malheureusement pour lui, il s'insérait

Avec son « maître », dans le studio de la rue Rodier.

difficilement dans un cadre de discipline, avec des horaires de travail stricts. Son tempérament fougueux lui causait bien des problèmes. Je le comprenais d'autant mieux que personnellement j'avais éprouvé des difficultés semblables. »

Patrick Dupond dans « Sud », de Julien Green, avec Roger Soyer (photo Colette Masson).

CHAPITRE III

Le mauvais génie

Patrick Dupond n'est pas venu seul demander à Claude Bessy d'être sa « petite mère ». Un garçon au teint sombre, d'une année son aîné, l'accompagnait : Jean-Marie Didière. Entré directement en troisième division, il s'est placé à la même barre que Patrick. Au bout d'un trimestre « d'observation », une amitié lie les deux garçons.

Qu'ils se choisissent les mêmes modèles, rien d'étonnant. En dépit de tout ce qui les distingue, l'un et l'autre, ils ont tant de points communs ! Patrick est une nature absolue ; Jean-Marie est plus pondéré. Patrick fonce ; Jean-Marie est presque trop retenu. En revanche, ni l'un ni l'autre ne connaît vraiment son père. Et l'un et l'autre sont un peu en marge, à l'Opéra. Patrick pour les raisons évoquées plus haut ; Jean-Marie parce que sa peau est plus foncée que celle de ses camarades danseurs. On n'avait jamais vu cela au Palais-Garnier.

Claude Bessy et Michaël Denard seront donc les « parents » des deux garçons dont la connivence ne passe pas inaperçue à l'Ecole. Leurs frasques font même le tour de la Maison.

Jean-Marie raconte :

« Un jour que nous venions d'être pris à parti par le professeur, nous avons eu un fou rire en exécutant ensemble un grand jeté. Nous ne pouvions pas nous ressaisir. Le professeur nous a mis à la porte ! »

« C'est vrai qu'un an durant, Patrick et Jean-Marie m'ont embêté, sourit Gilbert Mayer. Je devais bien les ficher dehors une fois par semaine... »

Claude Bessy :

« Avant de prendre l'Ecole en charge, j'essayais de me faire l'avocate des deux garçons auprès de la directrice, Geneviève Guillot. Geneviève était une amie, elle était compréhensive. Mais évidemment, elle ne pouvait faire d'exception. Il arrivait donc que Patrick et Jean-Marie dussent aller présenter leurs excuses à des professeurs. »

Fin 1974, Patrick est menacé de huit jours de mise à pied. Son indiscipline encore... Il écrit une lettre au professeur concerné, pour lui exprimer ses regrets. Pour lui promettre aussi que, si cette mesure est rapportée, il se tiendra tranquille jusqu'à la fin de sa scolarité. Fait significatif : dans ce mot, Patrick fait allusion au tort que cette éventuelle mise à pied pourrait causer à sa « carrière ». Toujours cette certitude d'être appelé.

Patrick et Jean-Marie, Jean-Marie et Patrick : drôle de duo ! Pour les uns, c'est Jean-Marie le « mauvais génie ». Aux yeux des autres, c'est Patrick. Aux réunions de parents d'élèves, on conseille à Mme Charles de séparer les deux garçons qui s'entendent comme larrons en foire. « Une ou deux fois, j'ai dû me mettre en colère. Je ne sais pas si Jean-Marie a bien compris mon attitude. »

Bien ? certainement pas.

Claude Bessy :

« Je crois plutôt que Jean-Marie était le souffre-douleur de Patrick. Mais ils ne pouvaient pas se passer l'un de l'autre. »

Commentaire de Jean-Marie Didière : « Nous ne nous faisions pas de cadeau ! »

L'accélération de la carrière de Patrick, après Varna, puis alors que les deux danseurs gravissent à un rythme différent les échelons de l'Opéra, aurait pu avoir un effet dévastateur. Jean-Marie est encore stagiaire quand Patrick est quadrille ; il est quadrille quand Patrick passe coryphée, puis sujet, puis encore premier danseur ; enfin, il est coryphée lorsque Patrick est nommé étoile. Bien des amitiés n'auraient pas résisté à ce traitement de choc. La leur, oui.

Patrick a plaisir à assister aux succès de Jean-Marie. Ils ont débuté ensemble dans « Sud ». En 1979, ils seront réunis sur la scène du Palais des Sports. Avec « Auréole », de Paul Taylor, Jean-Marie trouvera un rôle où il pourra imposer sa nature de danseur. Mieux encore : l'année d'après, « Vaslaw », de Neumeier, leur offrira une occasion privilégiée d'être partenaires.

Mais ne sautons pas les étapes ! Patrick et Jean-Marie sont toujours à l'Ecole de danse de l'Opéra. A l'occasion, ils forment une fine équipe avec Jennifer Goubé et avec Françoise Legrée. Sans adhérer pour autant au « style Maison ».

A la même barre, en 1971-72, Patrick Dupond et, à droite, Jean-Marie Didière (photo Colette Masson).

Partenaires dans le même ballet, *Vaslaw,* en 1980.

Patrick :

« Quand je suis entré à l'Ecole de danse, j'ai vite compris le style Maison en voyant une petite fille laisser tomber la pomme qu'elle croquait : quand elle a voulu la ramasser, sa copine a marché dessus exprès. Je n'ai jamais oublié cette leçon et j'ai pris la décision de ne compter que sur moi-même. » [6]

Le cercle de ses intimes est et restera volontairement très restreint. Dès 1974, il s'augmentera d'une danseuse du corps de ballet : Corinne Schmitt.

Deux, trois ans seulement séparent la jeune fille des deux garçons. Mais si cette amitié a quelque chose d'exceptionnel, ce n'est point tant question d'âge que de situations personnelles. Exception faite des « petits pères » et des « petites mères », les artistes du Ballet ne nouent guère d'amitié avec les enfants ou les adolescents de l'Ecole.

« Le caractère de Patrick à cette époque ? s'interroge Corinne. Le même qu'aujourd'hui, mais en moins maîtrisé. Par son indiscipline, il voulait prouver qu'il était différent des autres. Il savait déjà à quoi il aboutirait. A l'Ecole de danse, il était regardé comme le mouton à cinq pattes. Certaines personnes ne se privaient pas de dire : « C'est vrai, il saute, mais il ne tend pas ses pointes. » Ou encore : « Il est extraordinaire parce qu'il a 15 ans, mais dans trois ans il ne fera plus rien... »

Il ne fera plus rien ? C'est à voir ! Il n'a que 15 ans, justement, lorsqu'il est en classe d'engagement. Seulement le Ballet de l'Opéra ne recrute pas de danseur de moins de 16 ans. Tant pis ! Patrick se présente à l'examen, et sort premier... L'Administration consent alors à signer une promesse d'engagement. Du 1er septembre 1974 au 14 mars 1975, quoique appartenant « officieusement » au Ballet, Patrick est encore tenu de suivre les cours de l'Ecole. Période éprouvante pour un garçon qui brûle de monter sur scène. Les études, ça ne l'intéresse guère. Son BEPC en poche, il renonce au bac. Danser, danser...

Très vite, il dansera. Le 18 mars 1975, soit quatre jours après son entrée « officielle » dans la compagnie, il a une brillante variation dans la « Symphonie fantastique » de Roland Petit, dont c'est la première. Mais l'essentiel des mois qui suivent, c'est en répétitions et en figurations anonymes dans le corps de ballet que Patrick les passe. Que faire, sinon ronger son frein ? Tout de même... En mai de l'année suivante, Roland Petit qui, décidément, a du nez, lui confie le rôle de Georges Hugon, en alternance avec Olivier Patey, dans « Nana ». Son interprétation ne passe pas inaperçue. Dans « Les Nouvelles littéraires », Pierre Combescot fait le portrait de cet « étrange elfe » :

« Imaginez Puck avec un air de mauvais élève, un peu crâne et effronté et les doigts tachés d'encre. C'est lui, exactement lui. Il enchaîne ses pas avec une précision redoutable et cette gravité boudeuse qui lui vient de l'enfance. »

Certes, « Nana » ne connaît pas le succès que l'on pouvait espérer — la presse est réticente, le public souvent réservé —, certes encore Patrick n'est que de la deuxième distribution, mais

Dans le rôle de Georges, *Nana* (photo Colette Masson).

Patrick Dupond, coryphée. ▷

Kourbski, dans *Ivan le Terrible.*

qu'à cela ne tienne : son « Georges » captive l'attention. Combescot voit en lui un futur « grand danseur ». Quant à Jean-Claude Diénis, dans « Les Saisons de la Danse », il le présente comme « l'un des plus grands espoirs de l'Opéra de Paris » : « Le jeune Patrick Dupond a campé un merveilleux Georges Hugon. Il en a la candeur, la jeunesse, la vulnérabilité, En outre, il possède déjà une très brillante technique qui augure de son avenir. » [7] De quoi stimuler le garçon qui, au même moment, prépare ses six variations de Varna.

Arrive l'été, vient son triomphe. Car c'est bien de cela qu'il s'agit. Patrick est un diamant brut : sa joie de danser le fait éclater de mille feux. Tous les spectateurs du Théâtre de Verdure sont subjugués. Aucune comparaison ne leur paraît trop forte. « A Ballet star is born » titre James Kennedy dans le très britannique « Guardian».

De retour à Paris, Patrick est tout auréolé de sa médaille d'or.

Antoine Livio qui lance la nouvelle formule du journal « Danse

Perspective » lui consacre sa couverture d'octobre, ainsi qu'une double page richement illustrée. Il apparaît aussi dans un magnifique saut du « Corsaire » sur la « quatrième de couverture » des « Saisons de la Danse ». Last but not least, Jacques Chancel l'invite à participer au « Grand Echiquier » de la harpiste Lily Laskine... On conçoit que toutes ces marques d'intérêt n'aillent pas sans induire un rien de forfanterie chez un adolescent qui croit en sa bonne étoile.

Jean-Marie Didière :

« Sans doute sa victoire à Varna lui a-t-elle momentanément donné la grosse tête.

» Il supportait moins facilement encore les remarques, les réflexions des autres. En contrepartie, ce succès lui a permis de se protéger des mesquineries de l'Opéra. »

Et Corinne Schmitt d'abonder dans ce sens :

« Ce fut en effet sa première arme de défense. Il était allé seul à Varna, c'est-à-dire de sa propre initiative, sans avoir été délégué par l'Administration. Il avait prouvé qu'il était Dupond sans l'Opéra. »

Cette médaille, Patrick en avait un besoin quasi psychologique. Sorti de l'Ecole de danse, il se trouvait pris dans un constant rapport de forces.

« Oui, c'était ma seule façon de communiquer avec les gens. Pas nécessairement de manière conflictuelle, mais dans un rapport de forces évident. J'ai changé par la suite, à mesure que j'obtenais ce que je voulais et que je comprenais ce que sont les qualités humaines qui ont nom gentillesse, politesse... »

Mais si Varna lui permet de se faire connaître — il n'a, rappelons-le, que 17 ans ! — sa situation au Palais-Garnier n'est pas modifiée pour autant. Adjoint de Rolf Liebermann, Hugues Gall commente alors :

« Une chose est d'exécuter brillamment la variation de « Giselle », autre chose est de tenir pendant deux heures le rôle du Prince Albert. » [8]

Pas de « Giselle » en vue. Mais un pas de deux de « La Sylphide », à la faveur d'une tournée de l'Opéra en URSS. Patrick est quadrille.

Jusqu'en décembre 1977, du moins. Car le 14 de ce mois, le « Concours » annuel du corps de ballet se tient sur le plateau de l'Opéra-Comique. Fait exceptionnel, ses variations sont saluées par une salve d'applaudissements intempestifs. D'habitude, le silence est de rigueur. Le jury qui réunit notamment Violette Verdy, Monica Mason, Jacqueline Rayet et Serge Lifar n'est pas sans partager l'enthousiasme du public. Sans hésitation, Patrick Dupond est promu coryphée, à l'instar d'Olivier Patey.

Kourbski, dans *Ivan le Terrible.*

Avec Florence Clerc.

Travail au studio avec Oscar Araiz et Marie-Josée Redont.

Olivier Merlin, dans « Le Monde », estime, ébloui, qu'il « augure des plus glorieux lendemains s'il garde la tête solide » [9].

S'il garde la tête solide... Pas si facile. Durant les quatre années qui vont suivre, Patrick ruera dans les brancards. Peu à peu des rôles lui sont confiés, mais trop lentement à son goût. Il a certes été un Kourbski torturé dans « Ivan le Terrible ». Dans « Phèdre », de Lifar, il a pris part au pas de cinq. Cette même année 1977, on l'a vu dans les « Mahlerlieder » d'Oscar Araiz, dans « Etudes »... C'est bien, mais pas suffisant à son goût. Son appréciation, aujourd'hui :

« On me donnait de temps en temps de brefs rôles d'étoile pour me calmer. Seulement, en même temps, je devais faire toutes sortes de petites choses de corps de ballet. Ayant un travail double, j'éprouvais du mal à tenir le rythme. »

Alors Patrick menace. Il parle de quitter l'Opéra. Pour aller où ?

« Je n'en savais rien. Mais il est certain que si, progressivement, je n'avais pas obtenu satisfaction, je ne serais pas resté. »

Ce qui attise son impatience, c'est d'abord le succès public qu'il obtient à chacune de ses apparitions. Invité en juin à un grand gala de danse, à Chicago, il a fait un « tabac monstre ». Il a suffi qu'avec Ghislaine Thesmar il danse le pas de deux de « La Favorita » (chor. Pierre Lacotte) pour qu'on parle de lui comme d'une « new star ». Le sentiment diffus que sa carrière ne sera pas très longue l'incite aussi à mettre les bouchées doubles.

« Pas très longue, en effet, parce qu'il me paraît évident qu'il faut donner ce qu'on a de meilleur à son public. Et le physique fait partie de ce qu'on a de meilleur. C'est une loi implacable. Bien sûr, certains artistes — Margot Fonteyn, Marcia Haydée, Rudolf Nouréev... — parviennent à faire progresser encore leur inspiration. Moi, je ne crois pas être de cette veine-là. A l'inverse, je n'ai pas envie non plus de n'être qu'une étincelle, qu'une étoile filante. Mais le jour où je me rendrai compte que je serai sec, vidé, je m'arrêterai.

» Tout cela pour dire qu'il n'était pas question pour moi de rester à mijoter... »

On comprend d'autant mieux Patrick qu'autour de lui le chœur des louangeurs s'élargit. Son Kourbski a tout de même marqué les esprits. Il n'est que de lire la presse.

« Je n'ai personnellement jamais vu un garçon de dix-huit ans réunissant autant de dons, de possibilités. Sa technique est déjà éblouissante, digne d'une étoile internationale. Il tourne avec une surprenante facilité. Il possède un saut franc et moelleux, un parcours ample et des équilibres insolents (...) Lorsqu'il aura définitivement brisé cette barrière entre le technicien fougueux et l'artiste habité, il sera sans nul doute l'un des tout premiers danseurs du monde » ! (Jean-Claude Diénis) [10]

L'Opéra a-t-il conscience du talent de son coryphée ? L'Opéra en a conscience, mais l'Opéra a le sens des nuances.

« He is very bright and very smart, explique Violette Verdy — la directrice de la danse — au « New York Times ». Malheureusement, il est l'objet de tant d'adulation et de flatterie qu'il croit déjà tout savoir de la danse. Ce qui n'est naturellement pas le cas. » [11]

Avec sympathie quoique très nettement, Violette Verdy explique à John Gruen ce qui, à son avis, laisse à désirer chez l'enfant terrible de l'Opéra. Le « placement », d'abord ; les pieds aussi ; un dos cambré, encore.

Violette Verdy fait au surplus cette constatation qui a échappé jusqu'ici aux thuriféraires de Patrick : il n'est pas le produit d'une école comme le sont un Nouréev et un Barychnikov. Il n'a pas dans les pieds, dans les genoux, dans les hanches, dans les épaules, dans les poignets... le bagage que constituent des années d'exercice continu d'une méthode pédagogique homogène. Et puis, ajoute la jeune directrice du Ballet, il entre là une question de goût : il ne s'agit nullement de réfréner les ardeurs de Patrick ; il s'agit de lui expliquer que ce qu'il fait parfois relève davantage du Moulin-Rouge que de l'Opéra de Paris.

Spectaculaire manège du *Corsaire*.

Le Corsaire.

Cette appréciation qui peut paraître sévère, Patrick l'a déjà entendue. Sous une autre forme, Claude Bessy ne lui avait-elle pas prédit qu'il finirait chez Madame Arthur, s'il ne maîtrisait pas mieux son style... ?

« J'espère faire une grande carrière internationale, confirme-t-il à John Gruen. Mais tout d'abord je souhaite devenir étoile à l'Opéra de Paris, et ensuite seulement voyager partout pour danser ! »

Etoile : son but. Patrick Dupond aimerait brûler les étapes. Nul besoin de gravir tous les échelons de la hiérarchie pour obtenir le titre convoité. Il suffit d'une décision de l'administrateur. Ghislaine Thesmar n'appartenait pas à l'Opéra avant d'y être conviée à danser « La Sylphide ». Son « entrée par la grande porte » n'alla pas sans remue-ménage... mais quoi ! c'était le fait du prince. Patrick, lui, devra attendre, et passer tous les concours.

Le 10 décembre 1977, il est élevé au rang de sujet. A l'unanimité du jury. Un jury pourtant éclectique puisqu'il rassemble des personnalités aussi différentes que Violette Verdy, Jacqueline Rayet, Claire Motte, Kenneth MacMillan et Assaf Messerer. Un critique est également de la partie : Clive Barnes, ex-« New York Times », maintenant au « Post ». « Patrick Dupond a de grandes possibilités, déclare-t-il alors, bien que je l'aie vu danser beaucoup mieux, notamment à Chicago avec Ghislaine Thesmar. » [12]

La carrière de Patrick marque effectivement un mouvement en dents de scie. N'empêche ! Sa promotion ne faisait pas un pli. Trois autres artistes passent sujets : Viviane Descoutures, Elisabeth Platel et Olivier Patey.

CHAPITRE IV

Le Petit Pan

Voilà Patrick sujet. Il n'a que dix-neuf ans. Et revoici Yuri Grigorovitch que l'Opéra appelle à monter « Roméo et Juliette ». L'expérience Kourbski était plus que concluante : Patrick dansera donc un Mercutio. Sidéré par ce volcan qui paraît entrer en éruption sitôt en scène, le public se manifeste très chaleureusement. La presse ne s'y trompe pas non plus, qui voit en lui un « triomphateur de la soirée » (Irène Lidova). Quitte à émettre des réserves quant à la « propreté » de sa danse... [13]

La voie paraît toute tracée. Oubliée la médaille de Varna qui marqua ses débuts, ce sont ses prestations actuelles qui font maintenant référence.

— « Votre arrogance vous a-t-elle porté préjudice ? lui demande un journaliste.

— Non. Mais je suis soumis au régime de la douche écossaise : tantôt on m'encense, tantôt on me passe un savon. A tort, bien souvent, d'ailleurs...

— Avez-vous des amis parmi les danseurs ?

— On ne peut pas se faire d'amis de son âge à l'Opéra à cause du climat de concurrence entretenue par l'Administration. Je le regrette. En revanche, j'ai beaucoup d'amies parmi les dan-seuses. » [14]

Le climat de concurrence n'est-il entretenu que par l'Administration ? C'est à voir. Sûr, en revanche, que Patrick Dupond se trouve à un moment charnière de sa carrière. La rapidité de son avancement dépend largement de son travail en cette année 1978. Or le travail ne va pas manquer. A Paris, bien sûr. Mais à Chicago, aussi. Un an, en effet, après ses débuts américains, il est à nouveau invité à participer au Festival international de danse d'Amérique du Nord. Cinq représentations, vingt-huit étoiles venues de quinze pays. Mikhail Barychnikov est en tête d'affiche. Mais Patrick a la cote d'amour. Il est remarquablement servi par deux chorégraphies que Norbert Schmucki lui a réglées sur mesure : un solo et un pas de deux.

Dominique Khalfouni qui, elle, est déjà « nommée » à l'Opéra, est sa partenaire dans « La Barre ». Il s'agit là d'une évocation du travail du danseur sur la « Mephisto Waltz » de Liszt. Patrick se livre aux exercices quotidiens du danseur — pliés, grands battements, petite batterie — avec un ennui visible et moqueur, lorsque apparaît, dans un nuage de mousseline, la créature de ses rêves. Délaissant sa barre, le jeune danseur n'a de cesse d'entamer un pas de deux onirique.

Le solo que Patrick interprète le lendemain soir, le 10 juin 1978, a pour titre « Le Petit Pan ». Ce sera très vite son ballet fétiche. C'est que cette évocation de l'éveil d'un adolescent comme sorti d'une forêt arcadienne lui sied particulièrement. Il peut y donner libre cours à sa sensualité, à son humour, à une certaine naïveté, à son allant naturel comme à sa vivacité. Une étoffe sur la scène qui se met à frémir... une main qui s'en extrait et qui ondoie... puis un pied, puis un corps qui bouge avec une fascinante animalité... puis le halo d'un projecteur dans lequel il se mire, et des fruits qu'il goûte goulûment... Un grand jeté qui finit en grand écart, un éblouissant manège, des pirouettes époustouflantes. Plus que cela encore : une présence, des expressions, de la vie ! Et un triomphe !

Norbert Schmucki :

« J'avais envie de monter un ballet sur Peter Pan. Mais il est extrêmement difficile de suggérer un personnage volant. Alors, de Peter Pan, je suis passé à... Petit Pan. Dans mon esprit, il s'agissait de pasticher gentiment le Faune de Nijinksy.

» Or justement, Patrick, à l'Opéra, était une sorte de « Petit Pan ». A peine arrivé, il avait envoyé toutes les quilles en l'air, et il s'était fait sa place. Patrick, c'est le garçon dont on dit que décidément il exagère, mais à qui on pardonne tout parce qu'il est très sympathique et très gentil.

» Je l'ai donc pris tel qu'il était, m'efforçant de ne pas le freiner dans ses élans. « Le Petit Pan », c'est lui. Je n'ai pas eu à créer de

Dans *Roméo et Juliette.* Répétition. Spectacle.

Un rôle qui exige une profondeur psychologi- ◁ que : *Le Fils prodigue,* de Balanchine.

personnage. Je me suis contenté de placer certains pas qui lui vont particulièrement bien sur cette musique de Grieg. Patrick a tout de suite saisi le caractère « dessin animé » de ce « Petit Pan ». Je me suis inspiré aussi de Bacchus et des petits faunes de « Fantasia » (de Walt Disney).

» Ce solo, c'est un clin d'œil en quelque sorte, dur à danser, mais un clin d'œil. »

Retour à Paris, et prise de rôle. Patrick Dupond fait des débuts fracassants dans « Le Fils prodigue » de Balanchine. Ce qui sidère et la presse et le public, c'est qu'au-delà de la performance technique, il montre un pouvoir de concentration qu'on ne lui connaissait pas. Il parvient même à maîtriser sa fougue. Après Georges Piletta et Patrice Bart, Patrick Dupond s'impose dans ce rôle qui compte au nombre des plus forts qui soient offerts aux danseurs.

Passe l'été, vient l'automne 1978. L'Opéra de Paris invite le chorégraphe britannique Kenneth MacMillan à monter deux de ses ballets et à en créer un troisième. Ce programme qui réunit « Les Quatre Saisons », « Das Lied von der Erde » et « Métaboles » met tout le corps de ballet en évidence.

Accueil mitigé : la critique formule de nombreuses réserves. Mais Patrick tire son épingle du jeu. Il est des trois ouvrages, et cela se remarque. Dans « Les Quatre Saisons » (Verdi), il parvient à faire oublier la laideur des costumes. Dans « Métaboles » (Dutilleux), il participe avec appétit au repas cannibale : après avoir été déshabillée, la vénéneuse Dominique Khalfouni se fait dévorer à belles dents... Toutefois, c'est dans « Le Chant de la Terre » (Mahler) que le jeune sujet, de noir vêtu, mais le visage partiellement dissimulé sous un masque laiteux, donne sa mesure. Entre Wilfride Piollet (la femme) et Jean Guizerix (l'homme), il campe, bondissant à souhait, un « messager » aérien, certes, quoique non dénué de gravité. « Quelle bête de théâtre ! » commente Antoine Livio. « L'espoir de la Maison », confirme Olivier Merlin. « C'est un grand danseur dès aujourd'hui » surenchérit Jacqueline Cartier.

Cela commence à se savoir. Non seulement à Paris et à Chicago. Mais à la Réunion où Paul et Yvonne Goubé ont emmené quelques « espoirs ». Et au Japon où l'Opéra vient de faire une tournée. Momentanément blond, Patrick a déclenché un vif mouvement d'intérêt. Il dansait « L'Oiseau bleu »...

« Un pas de deux que, pourtant, je n'aime pas. Il ne correspond pas à ma technique. Moi, j'aime danser large. Alors, « L'Oiseau bleu », c'est la mort ! »

△ △ Dans «Le Fils prodigue»

▷ Répétition du *Petit Pan*. (Photo Alex Pfingst-tag).

En province également, sa réputation le précède. Il est invité ici, et c'est « Le Petit Pan » ; il est invité là, et c'est « Le Corsaire » ou « Don Quichotte », souvent avec Jennifer Goubé. Sa danse s'aère. Elle se fait plus limpide, plus moelleuse. Une promotion est en vue à l'Opéra.

Mais en ce mois de décembre, deux événements s'insèrent avant le Concours annuel. Significatifs. La télévision lui offre un plateau, et le Musée Grévin un piédestal.

Lorsqu'on lui confie la réalisation d'une dramatique de la série « Il était une fois un Musicien », Roger Hanin se trouve dans la nécessité de dénicher un jeune comédien qui sache danser, ou alors un jeune danseur qui puisse jouer la comédie. Ce « Stravinsky » est entièrement construit autour de la création du « Sacre du Printemps ». Et qui dit « Sacre » dit Nijinsky. Quel oiseau rare sera donc apte à interpréter ce rôle difficile entre tous d'un « dieu de la danse » qui amorce une lente descente aux enfers de la folie ? Il ne suffit pas de « tourner » et de sauter. Il s'agit de se couler dans un personnage tortueux et torturé. Dupond peut le faire. Il le fait.

Peut-être est-il trop jeune pour que la ressemblance physique avec Nijinsky soit complète. Mais pour le reste... Il a la virtuosité et il a l'intériorité. Il faut le voir bousculer les danseurs des « Ballets russes » sur la scène du Théâtre des Champs-Elysées, puis s'abandonner à une danse frénétique. Il faut le voir encore, la séquence d'après, prostré, hébété, dans un asile psychiatrique. Patrick est stupéfiant. C'est sa première rencontre avec Nijinsky. Ce ne sera pas la dernière.

« Incarner Nijinsky est un aboutissement, déclare-t-il alors : je suis un fanatique de Nijinsky, le seul danseur dont on a parlé et dont on parle toujours, et qui figure au rang des plus grands mythes de la danse dans le monde. » [15]

Patrick n'a pas encore atteint cet Olympe-là. Mais un panthéon s'ouvre à lui : le Musée Grévin. Le 4 décembre, il y fait son entrée aux côtés de Claire Motte, de Ghislaine Thesmar, de Michaël Denard et de Mikhail Barychnikov. En attitude, torse nu, le jeune danseur coiffe tout une pyramide de cire : les mannequins, échafaudage aidant, sont curieusement agencés sur plusieurs niveaux. Par la suite, ils quitteront ces hauteurs pour retrouver Nouréev au ras du plancher mais sous les mêmes lambris dorés...

1978 aura été riche pour Patrick. Les derniers jours de l'an ne seront pas moins mouvementés. Samedi 30 décembre, au matin, une atmosphère fébrile règne dans les coulisses et sur la scène du Théâtre des Champs-Elysées. Les Ballets russes sont maintenant bien oubliés : c'est du Concours annuel de l'Opéra qu'il s'agit. Parents, professeurs, amis des danseurs sont dans la salle, presque aussi excités que les concurrents. Aussi, lorsque le dernier en lice

Le Messager du *Chant de la Terre*, entre Jean Guizerix et Wilfride Piollet.

Répétition du *Chant de la Terre*, avec Wilfride Piollet.

Les Métaboles (MacMillan), avec Dominique ◁ Khalfouni, Guy Vareilhes et Patrice Bart.

Premier contact avec le personnage de Nijinsky, dans la dramatique télévisée de Roger Hanin (photo Atlan/Sygma).

termine ses variations — « Etudes » et « Le Lac », acte III — aussi brillamment qu'il les a commencées, un murmure d'admiration court les travées. Patrick Dupond impose une élévation, une giration et un rayonnement que nombre d'étoiles seraient en droit de lui envier.

Bien sûr, les puristes remarquent qu'à son habitude, il ne tend pas très bien les genoux. Rien d'étonnant, glisse-t-on par-ci par-là, il prend rarement sa barre... N'importe ! Sa promotion ne fait pas de doute. M. Dupond est désormais premier danseur.

Le soir même, il fait feu des quatre fers dans « Le Lac des Cygnes ». Rôle différent. Rôle détonnant : le Bouffon. Est-ce la présence de Natalia Makarova et de Nouréev qui l'électrise à ce point ? Qui peut savoir ? Toujours est-il qu'avec l'abattage de ses 19 ans, il finit par porter ombrage au grand Rudy. Si dans le IIe acte en particulier, ce dernier, au bénéfice de toute son aura, fait resplendir sa partenaire, il peine, par contre, dans des variations qui paraissent le dépasser. Un tic anime continuellement ses lèvres : Nouréev compterait-il tout haut ? En parfait contraste, Patrick bondit malicieusement, semblant se jouer de toutes les difficultés. C'est un véritable zéphyr que le public ovationne.

Relâche. Une semaine de vacances. Patrick s'envole. Cap sur New York. Il est devenu un familier des Etats-Unis, pays pour lequel il éprouve une véritable fascination. Voilà deux ou trois ans déjà qu'avec Jean-Marie Didière il y a fait un séjour. Il parle d'ailleurs très couramment l'anglais.

Retour à Paris et reprise des répétitions. Deux créations sont en vue. Après quoi, il retraversera l'Atlantique pour un « guest » à Milwaukee, dans le Wisconsin.

Deux créations ! Patrick qui ne cache pas son appétit pour la nouveauté a de quoi se réjouir. Violette Verdy, la directrice de la danse, et Janine Charrat règlent deux chorégraphies dans lesquelles il a la part belle : « Variations » (de Brahms, sur un thème de Paganini) et « Diachronies » (Bartok).

Quid de « Variations » ? Ce n'est pas une chorégraphie de chorégraphe. Mais plutôt une chorégraphie de maître de ballet. Violette Verdy elle-même est nette sur ce point. Momentanément dégagée de certaines corvées administratives, elle a pour seul but de répondre aux besoins des danseurs. Savoir principalement Patrice Bart, Claudette Scouarnec et Patrick Dupond, au sujet duquel elle fait le commentaire suivant :

« C'est un cas absolument incroyable. Ce qu'il est, du point de vue extérieur, il l'est aussi intérieurement. Quand on travaille avec lui, on a droit à toute cette surabondance, à toute cette luxuriance, à toute cette intelligence pétillante. A tel point que l'on est obligé parfois de le rediriger, de le distiller, de le conduire à trier, à sélectionner. Il faut parfois ramener au tronc l'écureuil futé qui visite toutes les branches. » [16]

Sans sous-estimer l'apport d'autres danseurs — les Monique Loudières, Yannick Stéphant, Jennifer Goubé, Olivier Patey et Alain Marty — force est d'admettre qu'encore une fois, ce sont les sauts, les vrilles d'un Patrick Dupond tourbillonnant qui s'imposent à l'attention générale.

Dans un environnement visuel du photographe Etienne-Bertrand Weill, Janine Charrat évoque avec « Diachronies » la lutte du bien et du mal ainsi que la solitude de l'homme dans un univers paradoxalement déshumanisé. Le ballet est reçu avec réticence. Mais comme d'habitude, Patrick s'en tire avec les honneurs de la guerre.

Le Lac des Cygnes : un bouffon bondissant.

Il est premier danseur. C'est cela qui lui importe. La rapidité de son ascension devrait se maintenir. Une année quadrille. Une année coryphée. Une année sujet. A ce rythme, il pourrait être « nommé » d'ici la fin de 1979. Noëlla Pontois, l'étoile des étoiles de l'Opéra, n'accepte-t-elle pas maintenant de danser avec lui ?

Avec Rudolf Nouréev.

CHAPITRE V

La Dame de Pique

L'Amérique à nouveau : fin février 1979, Patrick Dupond repart pour le continent de ses rêves, là où il n'est nul besoin d'avoir le titre d'étoile pour être une star. Il ne s'envole naturellement pas seul : Noëlla Pontois fait l'objet d'une invitation identique. L'année précédente, elle aussi a participé, au Festival de Chicago. Mais elle était au bras de Patrice Bart. Cette fois-ci, les organisateurs font coup double : Noëlla et Patrick, ensemble !

« Patrick commençait à avoir une réputation, explique la ballerine. Comme on ne progresse qu'au prix d'échanges et d'intérêts nouveaux, j'estimais, et j'estime toujours, souhaitable de danser aussi avec de jeunes partenaires. On peut leur apporter quelque chose. Et inversement, ils ont beaucoup à nous apprendre. Jusqu'alors Patrick s'était voué à sa formation de danseur. Il n'était naturellement pas un partenaire hors ligne. Une question d'expérience qui lui manquait encore. En quelque sorte, il était à l'état brut, avec toutes ses qualités, et avec quelques défauts, parmi lesquels une tendance à l'excès. Par exemple, il avait une propension à terminer une variation par un cambré qui n'était pas dans le style, ou alors à plonger jusque par terre pour faire une révérence. Mais il s'est « poli » depuis. Et il a appris très soigneusement son métier de partenaire. L'inquiétude que je pouvais éprouver à l'époque avant un adage est bien oubliée. »

Hermann et la Comtesse (Jacqueline Rayet), *La Dame de Pique.*

A Milwaukee donc, Noëlla Pontois et Patrick Dupond dansent deux pas de deux : « Le Corsaire » et une « Flûte de Pan » d'inspiration folklorique, de Norbert Schmucki. « Une clameur faite de surprise et d'admiration » marque, selon le « Milwaukee Sentinel », les débuts américains du couple français. Que ce soit dans la presse plus tard, ou instantanément dans les foyers du théâtre, le jeune danseur est comparé aux plus grands : Nouréev et Barychnikov.

Le « partnership » entamé à Milwaukee ne tardera pas à se prolonger à Paris. Outre différents pas de deux, Noëlla et Patrick danseront bientôt « La Bayadère » et « La Belle au Bois dormant ». Autant d'étapes nouvelles dans une carrière en plein épanouissement. Dès le moment où il commence à travailler avec Mlle Pontois, Patrick gomme son égocentrisme. La personnalité de la ballerine lui interdit désinvolture et fatuité. Leur complémentarité les sert tous les deux. L'académisme de la première déteint sur le second. Et tandis qu'elle le tempère, il la stimule.

Un pas de deux, c'est bien ; deux pas de deux, comme à Milwaukee, c'est mieux. Mais c'est au fil d'un ballet intégral qu'un couple de danseurs peut atteindre son apogée. Au Palais-Garnier, justement, un spectacle est programmé qui réunit comme en une gerbe, outre quatre chorégraphies contemporaines, un acte de « La Bayadère ». Différentes étoiles alterneront. Mais c'est à Noëlla et à Patrick que reviendra le privilège de la première. De l'avis général, une nomination serait à la clé...

Patrick Dupond n'aime pas travailler pour travailler. Il ne le cache pas.

« Un travail routinier, bien fait, à l'ancienne, où l'on s'économise, cela ne m'intéresse pas. Je préfère voir quelqu'un se déchirer sur scène. »

Seulement, quand il aborde un nouveau rôle, il le fait avec passion. Cette « Bayadère », il en connaît l'importance. Pas question de la négliger. Surtout qu'il n'a guère l'expérience des ballets blancs. Mais comment résister à l'appel du destin ? Car n'est-ce pas le destin qui l'interpelle lorsque, Barychnikov souffrant d'une tendinite, Roland Petit lui demande de le remplacer à Rome ? Il s'agit de « La Dame de Pique » (Tchaïkovsky) que l'illustre transfuge a créée au récent Festival d'automne. Patrick n'hésite pas longtemps. L'Opéra lui accorde la permission nécessaire. Le 8 mars, il part pour Rome.

Le rôle de Hermann, il l'apprend en mettant les bouchées doubles : « Quatre jours de répétition, à raison de douze heures par jour » se souvient-il. Denys Ganio s'est taillé un beau succès au cours de la première série de représentations. Patrick va faire un triomphe aux reprises. Alors qu'à Paris « La Dame de Pique » avait été décriée, à Rome — revue et corrigée par Roland Petit — elle convainc tant les spectateurs que la critique. Avec encore Evelyne Desutter (Lisa) et Margherita Parrilla (la Comtesse), le ballet apparaît plus fulgurant que jamais. Le jour de ses vingt ans, Patrick fait un Hermann à la fois lumineux et tragique.

Alfio Agostini rapporte :

« Par sa jeunesse même, il a précisément su faire ressortir dans son personnage le trouble juvénile fait en même temps d'insécurité et d'ambition passionnée, surprenant par la maturité de son interprétation, surtout dans la scène finale du jeu et de la folie. Sa technique est limpide, précise, impressionnante par le ballon et la brillante rapidité des tours. Il est doué de cette belle fluidité du « legato » si typique de la meilleure école française. En outre, il possède le naturel d'exécution propre aux grands danseurs et ce

A Rome, avec trois autres protagonistes de *La Dame de Pique* : Jacqueline Rayet, Evelyne Desutter et Denys Ganio.

Couverture des « Saisons de la Danse », février 1979.

talent scénique inné qui fait paraître sa danse en constant état de grâce. » [17]

Alberto Testa n'est pas moins laudatif :

« Patrick Dupond (...) « est » Hermann dès sa première entrée lorsque, du fond de la scène, il avance, enveloppé dans son manteau de velours, déjà en proie à la folie du jeu. Il sait plier sa splendide technique de l'école française aux exigences expressives et ses gestes sont très soignés, si l'on tient compte de son âge. Sur son agréable visage blond de jeune homme aux traits malgré tout affermis, se lit la force du drame, avec une extraordinaire tension intérieure. » [18]

Sur le chemin du retour, Patrick a tout lieu de se féliciter de cette expérience romaine. Cette fois, il a prouvé qu'il pouvait tenir tout un ballet sur ses épaules. Et que dans le rôle de Hermann — que Roland Petit avait légèrement remanié, lui ajoutant notamment deux solos — il ne déméritait nullement après Barychnikov. C'est donc le cœur léger qu'il déclare à René Sirvin :

« Maintenant je suis impatient d'être nommé étoile de l'Opéra. Vous n'avez pas remarqué les énormes progrès des danseurs dès qu'ils sont promus étoiles ? Un premier danseur peut, à la rigueur, se casser la figure en scène. Pas une étoile. Et maintenant, je me sens prêt à assumer pleinement mes responsabilités. » [19]

Le fait est que cette « Bayadère » se prêterait bien à une nomination. En distribuant Patrick avec Noëlla Pontois un soir de première, l'Administration de l'Opéra a une idée derrière la tête. Il y a eu ce « Bouffon » hors cadre, puis ces « Variations » dans lesquelles il a pu laisser éclater son tempérament. Le « Messager » du « Chant de la Terre » est encore sur toutes les rétines... L'heure paraît venue...

« Pas du tout, explique aujourd'hui Hugues Gall, ex-adjoint de Rolf Liebermann. Il est vrai que si nous avions re-programmé « La Bayadère », c'était pour donner à Patrick une occasion supplémentaire de s'illustrer. Il est non moins vrai que s'il s'y était montré sublime nous aurions bien été contraints de le nommer. Mais en fait, M. Liebermann, Violette Verdy et moi-même, nous étions d'accord pour estimer cette nomination prématurée. Etoile, il allait le devenir. Cela ne faisait pas de doute. Mais c'était trop tôt. Il n'avait pas la maturité nécessaire. A part quoi, il ne contrôlait pas son talent, et il ne travaillait pas assez. »

Toujours est-il que ce mercredi 28 mars, Patrick Dupond est mort de trac. « Le bonheur absolu est sur scène » aime-t-il à dire. Oui, mais, ce soir-là... Est-ce cette tension intérieure, est-ce la malchance, est-ce parce qu'il se serait mal préparé, est-ce tout cela à la fois ? Toujours est-il que les choses ne vont pas aussi bien que prévu. D'abord, il manque se blesser au contact de la coiffe de

△◁*La Bayadère*, à l'Opéra, avec Noëlla Pontois.

Noëlla Pontois et il s'empêtre un instant dans son voile de mousseline. Ensuite, il « sert » assez mal sa partenaire, en particulier dans les portés. Il est en quête d'équilibre. Enfin, son style laisse à désirer. Le public le fête, malgré tout. Les critiques font la fine bouche.

« Je l'ai trouvé très brave, se souvient Simone Dupuis. D'autres, vexés, auraient immédiatement quitté le théâtre. Patrick, lui, est resté jusqu'à la fin de la représentation. Je l'ai vu à ce moment-là. Il admettait être déçu. Il regardait crânement la situation en face. »

« Ce qui m'a surtout déçu, dit Patrick, c'est qu'après cette « Bayadère » beaucoup de gens m'ont dit : « Non, vraiment, vous ne serez jamais un danseur noble. Les bouffons sont pour vous, pas les princes. »

Répétition de *Sonatine bureaucratique.*

D'autres voix s'élèvent pour affirmer que cette première se serait beaucoup mieux passée si, dans l'intervalle, il n'était pas parti pour Rome.

« En fait, ce ballet, c'était un cadeau empoisonné. Je n'étais pas prêt pour le danser. »

Ce que la presse confirme dans son ensemble :

« Il faudrait qu'il soit mieux éclairé et dirigé » (« Les Saisons de la Danse »). « Nous attendons une meilleure occasion pour porter un jugement plus équitable sur cette future étoile de la danse » (« L'Aurore »). « Passons très rapidement sur la prestation de Patrick Dupond (...) Le rôle de Solor est une performance technique et artistique et il faut en avoir assimilé les difficultés et les finesses avant de l'aborder » (« Le Parisien libéré »). « Même si le public se laisse séduire par l'ampleur de ses sauts et le charme de ses vingt ans, Patrick Dupond ne fera la grande carrière à laquelle il semble

Avec Moses Pendleton.

promis que s'il a l'intelligence et l'humilité de s'astreindre à un entraînement encore plus vigoureux » (« Danse »).

Patrick :

« Nous avons tout de même eu droit à vingt minutes d'applaudissements, Noëlla et moi, Je n'estime pas que cette « Bayadère » a constitué un échec. Le public a été contenté. Et c'est cela le principal ! »

Mais alors, si c'est vraiment cela le principal, ne craint-il pas de finir par n'avoir d'autre motivation que le souci de plaire ? « Non parce qu'en sus de celui du public, mon goût personnel intervient également.

» Mais pour en revenir à cette « Bayadère », c'était d'autant moins un échec que peu après Makarova m'a invité à venir la danser à New York. Elle ne m'a pas demandé le pas de deux du « Corsaire », mais bien « La Bayadère ». Pas un acte du ballet, comme à Paris. Mais sa totalité. »

Une remarque, au passage : sans négliger le caractère sans doute prématuré de cette prise de rôle, force est d'admettre qu'il est très difficile à un jeune danseur de trouver d'emblée son personnage. Du fait du peu de spectacles programmés alors, les solistes et les étoiles de l'Opéra n'ont que rarement l'occasion de « roder » les nouveaux ballets. Patrick n'est distribué que dans deux « Bayadère ». Il en faudrait davantage pour qu'il s'installe dans le rôle. Le second soir, déjà, il est en nets progrès.

« On n'atteint pas nécessairement du premier coup le maximum de ses possibilités » confirme-t-il.

Et pourtant, cette deuxième représentation de la scène dite des « Ombres » — un fragment de l'acte III — a failli encore plus mal se dérouler que la veille. La première avait été placée à 20 h 30. Patrick, sans chercher plus loin, en conclut que les autres spectacles sont à la même heure. Quelle n'est pas sa surprise lorsque, arrivant à 19 h 15, il trouve les coulisses de l'Opéra en ébullition ! On le cherche partout. Le rideau : dans un quart d'heure. Il ne lui faut pas quinze minutes pour se changer, se maquiller et se chauffer... Délai tenu ! Les spectateurs n'y verront que du feu.

Juste retour des choses : cinq semaines plus tard, une « Intégrale Erik Satie », à la Salle Favart, offre à Patrick la possibilité d'éclater dans « Parade » comme dans une « Sonatine bureaucratique », elle aussi agencée par le truculent Moses Pendleton. Avec « Sonatine », c'est le Dupond caracolant et survolté qui s'impose. Sa virtuosité dans les deux étages d'un échafaudage tubulaire coupe le souffle aux plus réservés. En « prestidigitateur chinois », il apporte à « Parade » une présence sinon vraiment perverse, du moins assez maléfique.

Relâche, de Pendleton, à la Salle Favart.

Parade, en « prestidigitateur chinois ». △ ▷

On ne voit également que lui quand, à la tête des boys de « Relâche » — chorégraphie du même Pendleton — il fait feu de tout bois, allant jusqu'à perdre son frac...

« J'adore travailler avec Moses » explique-t-il.

Quoi de plus naturel ? Ils ont tous deux le même esprit farfelu, et se laissent aller aux mêmes irrévérences.

« J'adore travailler avec Patrick. »

Moses Pendleton n'est pas moins enthousiaste lorsqu'il évoque leur collaboration.

« Il montre une grande soif de comprendre, de l'appétit pour la recherche. Il s'affirme créateur dans la mesure où il apporte beaucoup de lui-même au cours du processus de chorégraphie. C'est un improvisateur remarquable : par moments j'avais peine à le suivre ! »

Et son esprit d'indépendance ? N'est-il pas source de conflits ?

« Dans le monde de la danse qui est si souvent obnubilé par les questions techniques, il affiche une forte personnalité. Chose précieuse, d'autant plus qu'il fait preuve d'une discipline de l'esprit évidente.

» Quand on se trouve en présence d'un garçon comme lui qui peut voler à travers la scène et danser à quatre pattes comme un chat, on se dit qu'il n'y a plus de limite... Qu'il pourrait tout aussi bien se consacrer avec le même succès aux mathématiques par exemple... »

Etoile ou non, Patrick Dupond ne manque pas d'engagements en cet été 1979, l'été de ses vingt ans. En juin, c'est à nouveau Chicago et son Festival international de danse. Cette fois-ci, il a Françoise Legrée pour partenaire. Barychnikov est aussi de la partie. Mais de l'avis de la critique américaine, c'est Patrick l'idole ! Il danse son habituel « Petit Pan » et le pas de deux du « Corsaire ». Jusque-là rien de bien neuf. Mais son interprétation du pas de deux de « Giselle » concourt à tracer de lui un portrait affiné : décidément, il peut être autre chose qu'un espiègle et qu'un sauteur. L'« Adagietto » d'Oscar Araiz (Mahler) couronne sa participation au festival. Là non plus, il ne s'agit pas de donner libre cours à son tempérament. Il s'agit plutôt de rendre plastique la musique. Mission accomplie. Le retour en Europe s'effectue sous les applaudissements d'une salle exaltée.

C'est ici que prend place un événement qui, dans la carrière de Patrick Dupond, a certainement la valeur du Concours de Varna : la création de « Vaslaw ». Son diplôme et sa médaille d'or lui ont mis le pied à l'étrier, en 1976. Ce ballet de John Neumeier confirme tout ce que les prises de rôle précédentes — « Le Fils prodigue », « La

Dame de Pique » en particulier — laissaient entrevoir. Savoir qu'à ses exceptionnelles qualités de danseur, Dupond ajoute celles, infiniment plus rares encore, d'artiste accompli.

Comme chaque été, le Ballet de Hambourg organise une sorte de festival que couronne un « gala Nijinsky ». Neumeier dédie ces « Ballett-Tage » à la mémoire de Diaghilev dont c'est le cinquantième anniversaire de la mort. Parmi les œuvres programmées, un extrait de « Train bleu » (Milhaud/Nijinska), « Parade » (Satie/Massine), « La Légende de Joseph » (Strauss/Neumeier), « Daphnis et Chloé » (Ravel/Neumeier), et « Vaslaw » (Bach/Neumeier). Tant pour sa reprise de « Daphnis » — ballet datant de 1972 — que pour « Vaslaw » — en création —, John Neumeier a besoin d'un jeune danseur qui soit autant interprète que virtuose. Il songe tout naturellement à Patrick Dupond dont la personnalité affirmée l'avait précédemment intrigué. Il ne le regrettera pas. Entouré de Marianne Kruuse (Chloé), de Béatrice Cordua (Lykainion), et d'Ivan Liska (Dorkon), Dupond donne consistance au rêve d'un touriste de 1912 de passage sur l'île de Lesbos.

« Pour conclure ce gala Nijinsky, précise Neumeier, j'avais l'idée d'une pièce pas tant dramatique que très formelle qui puisse réunir différents « guests », Egon Madsen en particulier. Je jetai mon dévolu sur quelques morceaux de Bach que Nijinsky envisageait de chorégraphier. Il travaillait dessus lors de sa traversée de l'Atlantic à bord de l'« Avon », c'est-à-dire au moment où il rencontra Romola, sa future femme. La Bibliothèque nationale, à Paris, possède d'ailleurs des notes de sa main où il esquisse le début de ce ballet qui devait constituer une fête baroque.

» Je voyais les choses différemment. Contrairement à Nijinsky qui souhaitait les faire orchestrer, je voulais m'en tenir à ces pièces pour piano seul. J'avais en tête un pas de deux, très simple, très clair, très pur. Mais quand Patrick est arrivé, tout a basculé. Oui, quand je me suis mis à chorégraphier, le ballet s'est transformé. Comme par accident, il s'est transformé en une pièce très dramatique. J'amorçais une improvisation, et Patrick prenait l'idée au vol. Nous ne parlions pas beaucoup : nous dansions ensemble. »

A mille lieues du divertissement, très loin aussi du ballet d'action, « Vaslaw » est comme l'expression des idées de Nijinsky, de ses émotions face à la musique de Bach. C'est aussi une réflexion sur les fascinations, les hésitations, les interrogations d'un esprit malade. Dans ce stupéfiant ballet, Dupond donne tout de lui-même. Il est le danseur électrisant si vif, si souple que l'on connaît. Mais il est aussi un prodigieux comédien : ses hallucinations, sa prostration sont d'une telle intensité qu'elles font oublier tout l'aspect dynamique du ballet.

John Neumeier :

« Ce ballet qui n'engage ni costume ni décor ne laisse au danseur que son propre corps. Il ne peut même pas s'appuyer sur la description d'une situation. C'est dire qu'il lui faut avoir une réaction instinctive à la danse et au mouvement. Pas une réaction intellectuelle, j'insiste. Il ne s'agit pas de penser, il s'agit de sentir. C'est pourquoi j'aime beaucoup travailler avec Patrick. Avec lui, ce qui se passe de plus important s'opère sans l'aide des mots. »

Cette fois, Dupond tient « son » ballet. « Vaslaw » est fait pour lui. Un autre danseur l'interprétera : Kevin Haigen, l'un des principaux solistes du Ballet de Hambourg. Mais malgré ce qu'il apportera en propre, il ne parviendra pas à faire passer tout le spectre d'émotions du créateur du rôle.

Salut unanime de la critique :

« Un Dupond hallucinant, en équilibre sur la frontière qui sépare le génie de la folie » écrit Horst Koegler.

Vaslaw, de Neumeier. △ ▷

« Pas de doute : Dupond est un artiste tout à fait exceptionnel » souligne Norma McLain Stoop.

Ce gala du 21 juillet 1979 va faire date. La performance du jeune danseur frappe tous les esprits, d'autant qu'avec ses cheveux bouclés et tirés en arrière, il affiche une certaine ressemblance avec son modèle. Ce nouveau succès agit comme un baume sur une blessure qui ne se cicatrisera jamais tout à fait : le film « Nijinsky » pour lequel il avait auditionné, et qui lui avait échappé ! « Pourtant, ce rôle était pour moi ! Mieux : c'était moi ! »

Flash-back. Août 1978, Patrick passe quelques jours dans les monts d'Aubrac, en Auvergne. Repos complet. Personne ou presque n'a son adresse. Et pourtant... Le téléphone qui sonne... Les Etats-Unis en ligne... Incrédulité. Mais non ! c'est bien son imprésario américain qui a remué ciel et terre pour obtenir ses coordonnées. Un film sur Nijinsky, cela l'intéresserait-il ? Oui ? Alors, qu'il prépare ses bagages ! On l'attend à Los Angeles pour des bouts d'essais.

Patrick ne se le fait pas dire deux fois. Le soir même il est dans le train. Le lendemain dans l'avion. Il a un supporter en la personne de Kenneth MacMillan — avec lequel il a travaillé à l'Opéra — qui, pour ce film, est chargé de la chorégraphie de « Jeux » et du « Sacre du Printemps ». Ce « Nijinsky » que prépare Herbert Ross (« Le Tournant de la Vie ») doit retracer deux années cruciales de la vie du danseur : 1912 et 1913. De la fascination que la jeune Romola de Pulszky éprouve pour les Ballets russes, en tournée à Budapest, à son mariage, dix-huit mois plus tard, à Buenos Aires avec le « protégé » de Diaghilev. En passant, évidemment, par les trois premières créations chorégraphiques de ce dernier : « L'Après-midi d'un Faune », « Jeux » et « Le Sacre du Printemps ». Le scénario est centré sur la relation triangulaire Romola-Nijinsky-Diaghilev ; relation conflictuelle évidemment, qui débouche sur la maladie mentale.

Il y a longtemps que l'on envisage de tourner un tel film. Un projet avait été élaboré avec Nouréev en tête d'affiche. Dans la même perspective, Barychnikov avait songé à créer sa propre maison de production. Mais à chaque fois, diverses difficultés se présentaient, qui compromettaient l'entreprise. Le décès au printemps 1978 de Romola Nijinsky débloque apparemment la situation. Harry Saltzman, le producteur des « James Bond », prend l'affaire en main. La distribution inclut Alan Bates (Diaghilev), Carla Fracci (Karsavina), Anton Dolin (Cecchetti)... Leslie Browne dont Herbert Ross avait pu apprécier les qualités de danseuse et de comédienne dans « Le Tournant de la Vie », sera Romola. Et Nijinsky ?

Il semble que le réalisateur ait son idée sur la question. A tout hasard, il auditionne tout de même Patrick.

« Ce test, je l'ai fait du mieux que j'ai pu, commente tristement le danseur. Sans doute aurais-je dû me livrer à tout un travail diplomatique pour les convaincre que j'étais celui qu'ils cherchaient. Je ne l'ai pas fait. D'emblée, j'ai eu le sentiment qu'ils avaient déjà fait leur choix. »

La réponse lui parvient au bout de cinq jours. Effectivement, c'est non. Le film se fera avec Georges de La Peña, un soliste de l'American Ballet Theatre âgé de 22 ans. D'origine russo-argentine, ce dernier n'offre que peu de ressemblance avec ce que les photographies nous montrent de Nijinsky. De toute évidence, Ross a préféré ce danseur peu connu et auquel nulle référence n'est encore attachée, à un Dupond déjà très affirmé. Et Français.

« Patrick ne parlait pas suffisamment bien l'américain » dit Georges de La Peña.

« Je suis certain que ce n'est pas pour cette raison, rétorque l'intéressé. Je parle très couramment cette langue. Non. Je crois qu'avant même que j'arrive, les jeux étaient faits. Toujours est-il que le film n'a pas marché. »

Exact. Ce « Nijinsky » se révèle assez rapidement un échec commercial. « Le public n'apprécie guère les films qui se terminent mal, reprend Georges de La Peña. Et puis, ce n'est ni un film de danse ni un film pour les enfants comme l'était « Le Tournant de la Vie ». »

Patrick Dupond :

« Quand j'ai eu la confirmation que je n'étais pas choisi, je suis resté les bras ballants. J'étais convaincu qu'ils commettaient une erreur. Durant deux semaines, j'ai éprouvé une sensation de vide total. C'était comme la mort pour moi. »

Patrick ne sera donc pas Nijinsky. Mais il est Vaslaw. Il ne perd rien au change. Et très bientôt Kyra Nijinsky — l'une des filles du « Clown de Dieu » — lui enseignera « Le Spectre de la Rose ». Devant des caméras américaines, d'ailleurs. Mais n'anticipons pas.

Cette année 1979 est encore marquée par différents voyages : Amérique du Sud avec le groupe d'étoiles de Janine Charrat, Espagne avec le Ballet de l'Opéra, New York avec Claude de Vulpian. Les deux Français font à cette occasion leurs débuts sur Broadway. Programme passe-partout : « La Flûte de Pan » encore, et « Le Corsaire » toujours. N'importe ! La presse américaine le surnomme « le Barychnikov de l'Opéra de Paris ». Et on lit dans le « Daily News » qu'« aujourd'hui dans le monde il n'y a pas de danseur plus excitant que lui ».

Au-delà du danseur, l'artiste. *Vaslaw.*

CHAPITRE VI

Le fait du prince

Automne 1979 : une prise de rôle. Marquante. Le « Boléro » de Béjart, dans la version « for men only ». Le 20 octobre, debout sur la grande table rouge, Patrick Dupond compose très finement un personnage complexe que André-Philippe Hersin analyse en ces termes :

« Avec lui, nous entrons dans un univers qui pourrait être celui des « Damnés » de Visconti. Il est un tribun, un meneur qui semble galvaniser son auditoire et le conduire au combat. Cheveux plaqués, le regard dur, Dupond évoque un jeune chef exaltant une foule guerrière. Il prouve lui aussi sa musicalité et un grand respect de la chorégraphie. » [20]

Un grand respect de la chorégraphie... Le fait est assez singulier pour être relevé ! Patrick a, en effet, la réputation de prendre des libertés avec les pas prévus. Quand bien même il s'agit d'une variation du répertoire. « Au début, cela choquait, constate un répétiteur. Maintenant, il n'est plus le seul... »

Mais lui a une telle musicalité qu'il retombe toujours sur ses pieds. Il se sert de la musique comme d'un plancher. Tout est instinct chez Dupond.

Roland Petit le sait bien. Dans la « Symphonie fantastique », dans « Nana », dans « La Dame de Pique » il a eu tout loisir de s'en rendre compte. Aussi bien pense-t-il à lui lorsqu'il monte « Le Fantôme de l'Opéra » (Marcel Landowski), d'après Gaston Leroux. Patrick Dupond sera le jeune homme tandis que Dominique Khalfouni et Peter Schaufuss se voient attribuer les deux autres rôles principaux. Respectivement : la danseuse et le fantôme. Une fois de plus, Patrick décroche la timbale. Par instants, il est comme habité. A la surprise de certains, il fait même preuve de retenue.

« Rarement sa fougue et ses dons artistiques furent mieux utilisés, commente encore André-Philippe Hersin. Roland Petit a conçu le personnage en fonction de la personnalité de son interprète, de ses élans, de sa générosité, de ses excès aussi. » [21]

Grand succès public pour cette création — la dernière de l'ère Liebermann — que la télévision filme, au surplus.

△
Répétition du *Fantôme de l'Opéra.* avec Dominique Khalfouni et Rolant Petit.

◁ Maurice Béjart lui enseigne *Boléro.*

Premier danseur toujours, Patrick ronge son frein. Jusqu'ici son ascension s'est faite au pas de charge : une promotion par année. Il a maintenant le sentiment de faire du sur-place. L'année 1979 s'est écoulée sans qu'il soit rien changé à sa situation. Du moins la tournée américaine — New York, Washington, Chicago — que sur les instances de Violette Verdy le Ballet de l'Opéra doit faire en avril-mai 1980, le stimule-t-elle. Il se sent si à l'aise dans ce pays, et du moment que l'opportunité lui est offerte de séduire des publics qui ne le connaissent pas encore...

Or si rien n'est simple déjà, voilà que tout se complique. A l'exception de Dominique Khalfouni, les étoiles de l'Opéra mettent l'Administration au pied du mur. Elles s'élèvent contre l'invitation faite à Rudolf Nouréev de prendre la tête de la tournée. Pas de raison qu'un « guest », fût-il prestigieux, monopolise le haut de l'affiche ! Patrick qui, dans le cas particulier, ne compte pas au nombre des purs et durs, assiste avec désappointement à la détérioration de la situation. Et c'est avec effarement qu'il apprend finalement l'annulation du projet.

Non seulement la compagnie ne part plus, mais à Paris même elle est désœuvrée. Patrick Dupond s'en désole. Il s'en désole encore davantage lorsqu'il apprend que sa demande de « permission » pour aller danser « La Bayadère » à l'American Ballet Theatre lui est refusée. La position de l'Opéra se défend : il est hors de propos de laisser les danseurs se produire seuls aux Etats-Unis alors que c'est leur attitude qui a entraîné la suppression de la tournée prévue. Mais voilà qui ne fait pas l'affaire de Dupond. Une occasion comme celle-là ne se représentera sans doute pas de sitôt. C'est avec Makarova qu'il doit danser !

Ghislaine Thesmar est dans la même perplexité. Balanchine l'invite à son New York City Ballet. Que faire ? Passer outre ou se résigner ?

L'étoile et le premier danseur passent outre. Ils seront mis à pied tous deux. Tant pis ! A New York, Patrick dispose de dix jours pour apprendre le ballet tel que Makarova vient de le monter. Il a une répétition avec elle. Mais la ballerine doit déclarer forfait.

« Elle s'était blessée à la cheville, dit Patrick. Elle a d'ailleurs dû subir une intervention chirurgicale. »

Le jeune Français ne dansera donc pas avec la star de l'ABT. Marianna Tcherkassky et Janet Shibata seront ses partenaires.

Une fin d'après-midi, après des heures de travail en studio, coup de fil de l'administration de la compagnie : accepterait-il de remplacer le soir même Bujones, souffrant ? Patrick connaît bien l'ouvrage en question. C'est même une de ses pièces de bravoure.

Le jeune homme.

Avec Dominique Khalfouni.

Aux prises avec le Fantôme, Peter Schaufuss,▷

— « Le Corsaire », je l'ai dansé dix mille fois. Eh bien, c'est d'accord : j'arrive !

C'est compter sans la fatigue accumulée, c'est compter aussi sans le fait que sa partenaire ne lui est pas familière.

« Je n'ai pas très bien dansé, ce soir-là, admet-il aujourd'hui. Et j'ai eu de mauvaises critiques. Mais surtout, je me suis fait mal dans le dos : un petit déchirement d'un disque lombaire survenu durant la coda. Pendant deux jours, je n'ai rien pu faire, sauf me ronger d'inquiétude à l'idée de rater ma « Bayadère ».

» Là, j'ai pris conscience que l'enthousiasme, c'est bien beau, mais que cela ne donne pas toujours de bons résultats. »

Cette escapade américaine pourrait tourner au fiasco. Tout comme Ghislaine Thesmar, Patrick fait l'objet d'une mise à pied. Seulement, Ghislaine est étoile, et lui premier danseur encore... Mais non ! Le destin lui fait à nouveau signe. D'abord, il se rétablit et donne une interprétation tout à fait convaincante de cette « Bayadère » que l'ABT a inscrite à sa saison d'été.

« Patrick Dupond a joué (le rôle de Solor) d'une manière intéressante comme un enfant gâté mais ardent, lit-on dans « Dance Magazine », sous la plume de Marilyn Hunt. Sa danse, de style Bolchoï, quoique inégale, courte de placement et de ligne, montrait un saut planant, des tours souvent magnifiques avec un « finish » très lent, à la Dowell, et des bras moelleusement expressifs qui concurrençaient ceux de sa Nikiya (Tcherkassky) avec laquelle il semblait être en accord parfait. » [22]

En plus de cela, il rencontre Leslie Browne dans les studios de l'American Ballet. Un an plus tôt, ensemble, ils avaient fait des essais pour le « Nijinsky » de Herbert Ross. Leslie avait décroché le rôle de Romola de Pulszky. Elle sait la déception passée de Patrick. Mais que dirait-il d'un film actuellement en tournage, et qui est centré sur la personnalité de Kyra Nijinsky, la fille du danseur ?

Leslie Browne fait le joint. Patrick rencontre Robert Dornhelm, jeune réalisateur autrichien, auteur entre autres d'un remarquable long métrage sur l'Ecole de danse du Kirov (« Les Enfants de la rue du théâtre »).

« Mon film n'est pas un documentaire rationnel sur le danseur Nijinsky, explique Dornhelm ; pas plus que sur sa fille Kyra ou sur San Francisco. J'ai voulu intégrer ces thèmes les uns aux autres en situant l'action dans une grande ville américaine aujourd'hui. »

Curieux de constater que Robert Dornhelm a, lui aussi, essuyé un échec à propos d'un projet de film à grand spectacle sur Nijinsky. Il a néanmoins gardé le contact avec sa fille Kyra, laquelle vit précisément à San Francisco. Il la persuade de se prêter à quelques

essais, qu'il s'empresse de projeter à Bud Cort (le Harold de « Harold et Maude ») et à Max von Sydow. Fascinés par la personnalité hors cadre de Kyra, les deux comédiens acceptent d'entrer dans le jeu.

Bud Cort tiendra le propre rôle de Dornhelm tandis que von Sydow sera la « voix » (off) de Nijinsky. Patrick Dupond incarnera, quant à lui, l'esprit de Nijinsky, sinon l'esprit de la danse.

Bref retour à Paris, le temps de s'entendre avec Bernard Lefort au sujet de sa prochaine promotion... Le changement d'Administration à l'Opéra va accélérer le cours des événements. C'est donc entendu : en septembre, sa suspension levée, Patrick retrouvera sa place dans le Ballet. Il n'aura plus longtemps à attendre avant d'être élevé au titre d'étoile. Le nouvel administrateur est bien décidé à marquer son entrée en fonctions par une brillante nomination.

La Bayadère, à l'American Ballet Theatre, avec Janet Shibata (photo Janet Levitt).

San Francisco
CALIFORNIA

D'ici là, Patrick a tout loisir de tourner un film. L'avion, à nouveau. San Francisco. Le travail se fait dans un théâtre, après quoi quelques séquences sont réalisées en extérieur.

Par-delà les incessantes extravagances de Kyra Nijinsky, « Seule, elle danse » — titre anglais du film : « She dances alone » — pose une triple question. Le comportement déviant de Nijinsky s'explique-t-il par la schizophrénie, comme le soutient le « psychiatre suisse » du film ? Par le fait que, la guerre ayant éclaté, le danseur qui prêchait l'amour universel, ne pouvait que se réfugier dans un mutisme absolu ? Par un besoin mystique de s'unir à Dieu ? Ce que Kyra a d'ailleurs fait à sa façon en adhérant à un tiers-ordre.

« On se parlait relativement peu, Kyra et moi, précise Patrick. Elle est très difficile à approcher. Mais je n'ai pas éprouvé de problème particulier avec elle du fait que je suis danseur. Et Kyra témoigne beaucoup de respect aux danseurs. Cela dit, la première fois qu'elle m'a vu en costume du « Spectre de la Rose », elle s'est sentie mal : elle croyait reconnaître son père. »

Kyra Nijinsky, stupéfiante Kyra ! Ses contradictions, ses emportements, ses douces folies embrasent l'écran.

Robert Dornhelm :

« Nous n'avions Patrick que peu de temps et Kyra était passablement irritée qu'il lui ait volé la vedette. Elle le regardait, impressionnée par son talent de danseur, et était persuadée de l'existence d'un lien mystérieux entre son père et lui. »

« Elle est démoniaque, reprend Patrick. Elle mène les gens par le bout du nez. Alors qu'au début elle refusait catégoriquement de faire le film, elle a fini par en prendre quasiment le contrôle. »

Quelle plus belle image de danse rêver que celle où cette dame courtaude, massive, 67 ans, montre au modèle des jeunes danseurs d'aujourd'hui la chorégraphie des « Danses polovtsiennes » ? Vision d'une force émotionnelle unique : vie et mort, raison et déraison, pesanteur et grâce confondues.

« She dances alone », film pourtant drôle, merveilleusement drôle, insolite, émouvant, passionnant d'un bout à l'autre, ne connaît qu'un prévisible succès d'estime. Patrick n'a pas perdu pour autant son été ! Au total, les risques pris en bravant délibérément l'interdiction de l'Opéra se sont révélés « payants ». Il est en droit d'attendre beaucoup de sa « rentrée ».

Comme promis, sitôt en place, Bernard Lefort s'empresse d'user du privilège de l'administrateur : la nomination des étoiles, sur proposition du directeur de la danse.

« Patrick Dupond a tout ce qu'il faut pour être une étoile, affirme-t-il. Et encore quelque chose en plus.

Kyra Nijinsky lui fait travailler *Le Spectre de la Rose.*

» Sa qualité première ? A mon avis, la dynamique qu'il a en scène et qui porte tant sur le public. Mais il bénéficie aussi de ce mystère qu'on appelle la présence, et qui ne s'acquiert pas. Quand il entre en scène, il ne lui est même pas nécessaire de danser. Est-ce son visage rayonnant ? Toujours est-il que sans rien faire, il transporte déjà les spectateurs. »

« Maintenant que je suis arrivé en haut de la hiérarchie, je vais pouvoir faire tout ce dont j'ai envie » [23] déclare Patrick, fou de bonheur.

En costume des *Danses polovtsiennes,* avec Bud Cort.

CHAPITRE VII

Le feu sacré

Le 30 octobre 1980, l'Opéra de Paris compte une nouvelle étoile. Une étoile de plus ? Non. C'est le départ de Dominique Khalfouni qui, libérant un poste, a permis cette nomination quasi immédiate. Insatisfaite des conditions de travail qui lui sont faites, la ballerine du « Fantôme de l'Opéra » cède en quelque sorte sa place au « jeune homme ». Roland Petit l'accueille dans ses « Ballets de Marseille ». Elle s'apprête à danser « Notre-Dame de Paris », « Coppélia »... Patrick, lui, marque son accession à l'Olympe du Palais-Garnier en interprétant « Vaslaw ». « Son » ballet. Le plaisir d'être enfin consacré se double de celui de voir Jean-Marie Didière, son ami de toujours, associé à son ballet fétiche. A Hambourg, ce rôle était attribué à une danseuse de couleur : Donna Wood. A Paris, sans qu'il soit rien changé aux pas, c'est donc à un danseur qu'il échoit.

Et comme pour que la boucle soit bouclée, John Neumeier délègue Lynne Charles pour régler les pas. Lynne Charles... rappelons-nous... Varna !

« En même temps que son titre d'étoile, la Direction lui a fait là le plus fabuleux des dons, le plus significatif aussi : être un autre Nijinsky, maintenant que du fond des ténèbres le Dieu de la Danse a déchiré le voile qui séparait l'adolescent Dupond de son destin de poète. » (Odon-Jérôme Lemaitre) [24]

Vaslaw, avec Jean-Marie Didière.

« Vaslaw » a certainement constitué le « turning point », le tournant de sa carrière, apprécie, pour sa part, Rosella Hightower qui a pris la succession de Violette Verdy à la tête du Ballet de l'Opéra. Patrick a montré définitivement là qu'il pouvait faire autre chose que de l'« épate ». Songez à la fin de la chorégraphie où tout tient à sa présence, à son rayonnement : il doit traverser la scène en marchant et s'asseoir sur un banc. »

« Vaslaw » : concentration. « Le Corsaire » : explosion. A l'affiche de l'« Hommage au Ballet de l'Opéra », ce morceau de bravoure est en bonne place. Patrick y a, par contraste, la bride sur le cou.

Son statut d'étoile — s'il ne fait que sanctionner une situation de fait — lui donne tout de même accès à quelques rôles nouveaux pour lui. Et c'est « L'Oiseau de Feu » de Béjart ainsi qu'« Etudes »

de Lander où il confirme sa disponibilité à remplacer au pied levé. Prévenu un samedi matin à onze heures, il assure le spectacle le jour même, en matinée et en soirée...

« Dire qu'il fut extraordinaire, c'est être en dessous de la vérité, s'exclame A.-Ph. Hersin. Il faudrait des mots nouveaux, de ceux que l'on n'a pas encore galvaudés pour parler de son brio, de sa fougue merveilleusement canalisée, de sa prodigieuse technique. Se souvenant des leçons que lui prodigua il y a quatre ans à Varna John Gilpin (...), Dupond réalisa un véritable exploit en étant à la fois brillant et mesuré, étourdissant de bravoure et sobre. » [25]

En pleine possession de ses moyens, le nouveau danseur étoile va rapidement consolider sa réputation. Au fil de l'année 1981, diverses occasions lui sont données de faire miroiter ses diverses

Patrick Dupond vient d'être nommé étoile.
Défilé du corps de ballet.

Dans *Schéma,* d'Alwin Nikolais.

facettes. Fin décembre 1980, déjà, c'est la création de « Schéma », d'Alwin Nikolais, « moment théâtral dansé ». La chorégraphie sert plus le spectacle — au sens d'un spectacle « total » : scénographie, musique, cinéma, acrobatie et danse — que ses interprètes. Patrick y a tout de même une surprenante variation, à l'instar de Piletta, de Lormeau et de Guizerix. Il montre par ailleurs sa capacité de concentration mentale et de tension physique.

« Ce qui m'a frappé chez lui, commente Alwin Nikolais, c'est que l'entraînement académique intense qu'il a suivi et qui lui a donné cette extraordinaire technique, ne l'empêche absolument pas d'être disponible pour les mouvements d'une autre nature que je lui demandais. Il peut vraiment tout faire.

» Naturellement, il a éprouvé de temps à autre quelques difficultés, de mémorisation, en particulier. Parce que mes chorégraphies ne relèvent pas du vocabulaire du ballet. Mais il les a très rapidement surmontées. C'est un danseur extrêmement brillant.

» Vous me demandez de le définir en un ou deux mots... Je dirai qu'il « embodies theatre », en français : qu'il incarne le théâtre (ou quelque chose d'analogue). »

Avec la création de « Don Quichotte », chorégraphie de Nouréev, c'est dans un tout autre univers que le jeune danseur étoile évolue. Au bras de Kitri (Claude de Vulpian, Florence Clerc), il compose un Basilio à la fois hâbleur et canaille. L'enfant terrible de l'Opéra se reconnaît dans le rôle. Il s'amuse d'un éventail, flirte gaîment avec sa partenaire, multiplie les bons tours, quitte à dériver sur la commedia dell'arte. Patrick en rajoute peut-être un peu. Mais quand tout à coup il déploie un suffocant abattage, traversant la scène tel un typhon, il emporte l'adhésion des plus restrictifs. De ceux qui disaient :

« Il ne travaille pas assez, il manque d'école. » Et qui en viennent à concéder : « C'est vrai qu'il met de la vie dans ce genre de ballet. Ne chipotons pas sur la vie ! »

Observateur bien disposé, mais sans complaisance, André-Philippe Hersin relate : « Basile, ce fut aussi Patrick Dupond, jeune et insolent, « dragueur » plein de charme, au culot phénoménal. Certes, son travail n'est pas toujours parfait, mais il saute et tourne avec une fougue conquérante et crâne qui lui permet de gagner la partie. Il nous faut souhaiter qu'il raffine sa danse, discipline des dons superbes, sans modifier les chorégraphies au gré de sa fantaisie. Mais avec Dupond, Figaro de Barcelone, c'est la bonne santé, la jeunesse que l'on retrouve et qui redonnent au spectacle son vrai rythme. » [26]

En mai, fais ce qu'il te plaît. Ce qui lui plaît à Patrick, c'est d'explorer encore la veine humoristique qui lui convient si bien. Un

spectacle Poulenc, à la Salle Favart, lui vaut de créer un solo pétillant que Fabrice Bourgeois danse en alternance. Le « Bal masqué » que règle Gigi-Gheorghe Caciuleanu fait appel à ses talents de comédien. Plus profane que cette « cantate profane pour baryton et orchestre de chambre », on ne fait pas. Voilà Patrick, dans un fauteuil, genoux serrés, une tasse à la main... et le voici debout maintenant, dans une posture invraisemblable, aussi surréaliste que les poèmes de Max Jacob sur lesquels coule la musique. Certes Caciuleanu a eu meilleur goût et Dupond meilleur rôle. Mais quoi ! C'est cocasse, et voilà...

Auprès de Lise (Noëlla Pontois) et de Colas (Cyril Atanassoff).

Désormais socialiste, la France se souvient alors avec émotion que c'est en 1789 — deux semaines avant la prise de la Bastille —

Un Alain facétieux, *La Fille mal gardée.*

que l'un des plus anciens ballets encore dansés, « La Fille mal gardée », vit le jour. Pour remonter cet ouvrage historique, Rosella Hightower et Georges-F. Hirsch, l'administrateur du Ballet, sollicitent Heinz Spoerli.

Ce chorégraphe suisse allemand, directeur de la compagnie bâloise, a fait ses preuves depuis longtemps. Que ce soit à Stuttgart, à Vienne ou à Berlin, ses créations rencontrent un succès constant. A Paris, toutefois, sa venue fait grincer quelques dents. « Comme s'il n'y avait pas assez de bons chorégraphes en France » soupire-t-on çà et là. Ah ! oui ? Mais lesquels ? Ni Béjart ni Roland

Basilio, dans le *Don Quichotte,* de Nouréev.

Petit ne tiennent à se colleter avec les aberrations administratives de l'Opéra. Expérience faite, Spoerli ne sera pas pressé de recommencer ! C'est qu'il en faut de la patience et de l'obstination pour créer un ballet-soirée dans un style dont les danseurs — les étoiles surtout — ne sont pas coutumiers.

« L'attitude amicale de Patrick a constitué pour moi un encouragement précieux » fait remarquer le chorégraphe.

Patrick Dupond a le contact facile, en effet. Et lorsqu'il se met à la tâche, il ne s'économise pas.

« Il se donne même à 150 %. »

Heinz Spoerli a l'heureuse idée de lui confier le rôle d'Alain. Plutôt que d'en faire une manière d'idiot du village, il l'éclaire de diverses nuances poétiques. Naïveté, certes, mais rêverie, tendresse...

« J'ai entièrement conçu ce rôle. Mais c'est avec Patrick que je l'ai chorégraphié. Patrick est un danseur qui m'inspire. Son talent fait affluer une quantité d'idées. En plus, avec lui, le chorégraphe ne se sent pas limité. Aucune difficulté technique ne se présente. On lui demanderait de sauter sur la tête, il le ferait... Il ne ressent pas le besoin de se comporter en vedette pour refuser d'exécuter tel mouvement ou tel porté. Ce qui n'est pas le cas de tous les danseurs de l'Opéra ! »

Gesticulant, trébuchant, titubant, Patrick campe un Alain touchant de maladresse et de candeur, volontiers « dans la lune ». Mais danse-t-il ? Alors, une gamme de pirouettes, une série de grands jetés... Il ne « plane » plus, perdu dans ses rêveries : il vole. Sa véritable dimension, il la trouve en l'air, ainsi qu'en témoigne une brillante variation au second acte. Le cerf-volant rouge, qui fait son bonheur, a d'ailleurs dimension de symbole.

« Derrière lui, Colas ne peut que paraître un peu terne, malgré le charme naturel de Cyril Atanassoff, observe Antoine Livio. Mais il a le cœur de Lise si Patrick Dupond a celui de tous les spectateurs ! » [27]

Fin juin — pas de surprise ! — : le Festival international de danse de Chicago, 5e édition. Patrick en est devenu l'un des piliers. Que de grands danseurs autour de lui ! Makarova, Kirkland, Evdokimova ; Schaufuss, Ganio, Pongor, Aponte... Pourtant, au dire des témoins, c'est lui qui, avec sa partenaire Claude de Vulpian obtient le plus de succès. Comme d'habitude, leur programme n'a rien d'audacieux : « La Belle au Bois Dormant », « Le Corsaire », « La Flûte enchantée »... Décidément les galas d'étoiles n'invitent pas à l'innovation. Ce qui frappe, c'est la maturité dont le jeune danseur fait résolument preuve. Ann Barzel écrit :

« Il nous a été agréable de voir ce talentueux prodige se métamorphoser en un fascinant artiste dont la personnalité est tout aussi attachante que la formidable virtuosité. » [28]

Eté. Galas. Dans le Sud-Ouest, en Italie... Vacances aussi. Patrick songe à la saison à venir. Il en attend beaucoup. Il est diablement question d'une « Belle » et d'une « Giselle ». Les rôles empreints de facétie, c'est bien. Mais il se veut danseur étoile complet. On lui a prédit qu'il ne serait jamais un prince... Eh bien, on va voir !

On « voit » en décembre. Au Palais-Garnier, le Ballet de l'Opéra continue à danser « Don Quichotte ». Au Palais des Congrès, c'est « Giselle ». Depuis que la compagnie a été partagée, elle danse davantage. A la satisfaction générale ou presque : certains artistes se sentent plus à l'aise dans « L'Oiseau de Feu » que parmi les willis, mais enfin... Quant aux étoiles, passant d'un groupe à l'autre, elles sont fortement mises à contribution. Patrick comme les autres. Patrick plus que d'autres. Un soir il est Basilio, le lendemain 29 décembre, Albert.

« Cela fait plus de deux mois que je travaille « Giselle », explique-t-il alors à Gérard Mannoni ; deux mois de manière très régulière et pratiquement un an dans ma tête. « Giselle », c'est la consécration, même pour l'homme. C'est un très grand rôle, car avant de songer à la technique, il faut penser à l'interprétation. » [29]

Il n'est pas dans la nature du jeune danseur — 22 ans — de se contenter d'un rôle de faire-valoir. Prince consort, à la rigueur. Mais prince. Comme Lifar par le passé, il entend insuffler une vie nouvelle à Albert. Au premier acte, il affirme un tempérament turbulent, voire espiègle. Celui d'un adolescent, une mèche sur le front, qui découvre l'amour et le poursuit avec une touchante spontanéité. Empressé, câlin, il couvre Giselle (Florence Clerc) de baisers. Et se montre extrêmement embarassé quand Hilarion dévoile sa véritable identité. C'est enfin un danseur réellement habité qui est le spectateur impuissant de la scène de la folie.

Son entrée au second acte est assurément trop lyrique. Mais il suffit d'une détente, ensuite, d'un grand jeté pour que le naturel revienne au galop. Dans l'adage comme dans la scène finale où il s'écroule, l'Albert de Patrick Dupond montre sans doute beaucoup d'emphase. « Il n'a pas encore trouvé tout à fait le rôle, commente Rosella Hightower, mais ça va venir. »

Et la presse, que dit-elle ?

Marcelle Michelle est nuancée. « Sa vitalité, sa joie de danser sont communicatives et devant certains manquements de style, le puriste le plus maniaque a tendance à secouer la tête avec indulgence en pensant qu'il faut bien que jeunesse se passe.

Le bras furieux d'Albert est retenu par Hilarion (Ludovic Heiden).

» Mais il va bien falloir quand même un jour discipliner ce torrent en crue dont le pauvre Albert a fait les frais. A tout moment, Patrick Dupond bondit comme un diable à ressort s'échappant d'une boîte, abat sa diagonale de petits brisés sans souci de la mesure et de la musique et emporte Florence Clerc dans des variations tumultueuses. » [30]

André-Philippe Hersin est, lui, beaucoup plus restrictif : « Le personnage d'Albrecht est très exactement le contraire de ceux qu'il doit aborder ; il n'en a ni la silhouette, ni le style, ni l'esprit (...) Dupond a trop de beaux rôles à danser, trop de créations à faire, trop d'occasions de mettre en valeur ses dons pour s'attaquer à des rôles aussi contraires à ses possibilités. Ici, même sa virtuosité est gênante. » [31]

Le public a beau lui faire d'interminables ovations, Patrick est piqué au vif.

« Ils n'ont rien compris à ce que je voulais exprimer » fait-il. Et de poursuivre :

« Avec moi, il ne faut pas s'attendre à ce que l'on a envie de voir, il faut attendre ce que j'ai envie de donner. »

Corinne Schmitt, sa meilleure amie, constate :

« Il danse « Giselle » comme un jeune homme d'aujourd'hui. D'habitude, le prince cherche l'objet de sa flamme en languissant. Lui, il va à elle en courant comme un fou. Après « Don Quichotte » et avant « La Belle », « Giselle » a marqué comme le passage d'un cap pour Patrick. Il a prouvé qu'il pouvait apporter quelque chose à ces rôles-là aussi. »

Après « Don Quichotte » et avant « La Belle », « Giselle » montre encore que Patrick Dupond n'est pas conforme, et n'entend pas se conformer au portrait type du danseur étoile. Qu'il soit bien ou mal conseillé, voire pas conseillé du tout, c'est encore un autre problème. Mais écoute-t-il seulement les conseils ? Pas sûr.

Décidément, cet hiver 1981-1982 ne va pas lui laisser beaucoup de répit. Au Palais des Congrès toujours, le Ballet de l'Opéra entame une longue série de « Belle au Bois dormant ». De janvier à mars, une quarantaine de représentations ! Patrick est parmi les plus requis en raison de l'indisponibilité d'autres étoiles. Son prince Désiré a sa personnalité propre. Lui aussi sort à peine de l'enfance. Sa découverte de l'amour est ce qu'il y a de plus naturel, de plus instinctif. Et quand cette vision s'estompe, que l'image d'Aurore disparaît, sa déception est à la mesure de ses espoirs.

Là encore, un public d'inconditionnels lui témoigne son enthousiasme. La critique salue également cette prise de rôle.

Sur la tombe de Giselle.

« Patrick Dupond est un prince Désiré attentif, délicieux et

concentré, il donne sa mesure dans les grandes variations où sa légèreté phénoménale fait sensation. » (Gilberte Cournand) [32]

Noëlla Pontois, sa merveilleuse partenaire, est bien sûr unanimement encensée. Peut-on imaginer plus « Belle » que cette belle-là ?

« A ses côtés, Patrick Dupond a été la révélation de la soirée, estime René Sirvin. Partenaire attentif, jeune et léger, de gamin espiègle et brillant, il a accédé enfin au rang des princes nobles et solides, et au tout premier rang. » [33]

Pierre Combescot n'est pas moins élogieux :

« Seul Patrick Dupond, dans le rôle du prince, nous ramène à la vie qu'on croyait une fois pour toutes fossilisée dans le tulle. » [34]

Dans cette nouvelle production montée par Rosella Hightower, il est un autre rôle dans lequel Patrick brille de tous ses feux : le

Pas de deux avec Florence Clerc.

Le solo des « Pierres précieuses ».

numéro dit des « Pierres précieuses ». En pourpoint et serre-tête diamanté, il fait preuve d'un abattage stupéfiant. C'est dire que si son entrée en scène déclenche des applaudissements, la fin de sa variation est à chaque fois sanctionnée par une ovation. Il arrive même qu'au moment des rappels son nom soit scandé sur l'air des lampions...

Ces succès dans des ballets du répertoire l'assagiraient-ils ? Pas vraiment. A la dernière de « La Belle au Bois dormant », Patrick Dupond s'affuble de boucles d'oreilles, puis de plumes qui lui battent les tempes lorsqu'il exécute les « Pierres précieuses ». Et de terminer sa variation par une roue tout à fait inattendue ! Il est vrai que ce soir-là tous les garçons du corps de ballet se sont noué une faveur bleue dans leur perruque Louis XV. Et que l'administrateur de la danse s'est déguisé lui-même en suppôt de Carabosse.

Mais un ballet chasse l'autre. Oubliée (ou presque), « La Belle », c'est au « Songe » que l'on songe.

Rosella Hightower a invité John Neumeier à régler son « Songe d'une nuit d'été » (d'après Shakespeare, musique de Mendelssohn et Ligeti). Le rôle de Puck est pour Patrick. Il y a longtemps qu'il en rêve. En fait, il est doublement ravi. Amorcée avec « Vaslaw » et « Daphnis et Chloé », sa collaboration avec Neumeier doit se poursuivre avec un « Pétrouchka » dont la création est prévue à la Scala.

Les événements en décideront autrement. Le projet milanais s'écroule, rendant du coup la primeur de ce « Pétrouchka » au Ballet de Hambourg.

Le Prince Désiré et la Princesse Aurore (Noëlla Pontois), au IIIe acte de *La Belle au Bois Dormant.*

« L'idée est dans la ligne de « Vaslaw », explique le chorégraphe. Je ne veux pas d'un spectacle à argument, avec décors et costumes. J'envisage plutôt un ballet symphonique pour Patrick, Lynne Charles et pour le danseur noir Ronald Darden. »

Les impératifs contradictoires des répétitions à Hambourg et d'une tournée de l'Opéra se révélant inconciliables, Patrick Dupond sera contraint de renoncer à cette création. Cuisante déception, révélatrice d'ailleurs de l'ambiguïté de sa situation. Il aspire à courir le monde pour y faire le plus d'expériences chorégraphiques possible — ainsi rêve-t-il de travailler avec Jyri Kilian, Jerome Robbins, Twyla Tharp, voire Pina Bausch — et ses engagements à l'Opéra l'en empêchent. Au contrat d'exclusivité qui est actuellement le sien, il souhaite pouvoir substituer dans l'avenir une priorité — « priorité absolue », précise-t-il.

Claude Bessy confirme :

« L'Opéra invite volontiers des danseurs extérieurs prestigieux. Quoi de plus normal dès lors qu'un danseur français, formé dans notre école et si merveilleux, souhaite se faire connaître à l'étranger ? J'irais jusqu'à dire que c'est excellent pour la renommée de l'Opéra lui-même ! »

Pas de « Pétrouchka » pour Patrick, en tout cas. Enfin, pas tout à fait... De ce projet qui l'emballait tant, il reste un film de Dominique Delouche. Tourné sur un plateau des Buttes-Chaumont, ce moyen métrage est le témoin privilégié du processus de naissance d'une chorégraphie. John Neumeier et Patrick Dupond y travaillent à huis clos. Un peu comme Maurice Béjart et Rita Poelvoorde l'ont fait naguère devant l'objectif de François Weyergans (« Je t'aime, tu danses »).

John Neumeier :

« Durant ces trois jours de tournage, nous avons tenté de mettre en place un pas de deux. J'assumais le double rôle du Maure et du Magicien qui, dans mon ballet, se trouvent confondus. Patrick était évidement Pétrouchka, un danseur, pour faire pendant à la « Ballerine ». En définitive, le fait qu'il ne crée pas le rôle sur scène n'enlève rien à l'intérêt de ce film : c'est de la recherche. »

Au Palais-Garnier, Patrick répète « Le Songe ». Il reprend le double rôle que le malicieux Kevin Haigen avait créé à Hambourg : Philostrate et Puck. Neumeier sait bien que les personnalités des deux danseurs sont trop différentes pour être interchangeables. Il a donc recours au caractère animal, instinctif de Patrick. Lequel, saisissant la balle au bond, fait de Puck une espèce de mauvais génie sympathique. Il y a chez lui quelque chose de farceur, de faunesque, de sardonique même... Et d'ambigu.

Avec Jean-Yves Lormeau (Obéron), *Le Songe d'une nuit d'été.*

Par ailleurs, le chorégraphe tient compte de ses possibilités techniques. Quitte à remodeler telle ou telle variation. Et c'est un

triple saut supplémentaire ici, un grand écart là... D'aucuns estiment que dans « Le Songe d'une nuit d'été » Patrick fait montre d'une motivation qu'on ne lui avait pas vue depuis longtemps. Il est certain que le côté gymnique de la danse de Puck, postures insolites à la clé, comme l'abattage qui lui est demandé font judicieusement écho à tout ce que le rôle implique en matière d'interprétation psychologique. Quasiment en scène du début à la fin de l'ouvrage, Dupond porte le ballet sur ses épaules : difficile de le contester. Et c'est précisément de cela qu'il a besoin maintenant. Tant qu'il ne dansait que des pas de deux, voire tant qu'il ne participait qu'à de brefs ballets, il pouvait avoir tendance à adopter un comportement léger. Sa nomination et les responsabilités qui en découlent l'ont stabilisé. Mieux que jamais, il « assume ».

« Seulement, confesse-t-il, avec le travail que j'ai maintenant, je n'ai pas le temps de me soucier de quelqu'un d'autre que moi. »

S'agissant du « Songe », en tout cas, cette situation lui convient à merveille. La critique se joint aux spectateurs pour applaudir à tout rompre.

« Virtuose et drôle, note Gérard Mannoni, il incarne à la perfection ce génie farfelu, étourdi et sensuel, un peu méchant peut-être, d'une vie et d'une présence implacables. » [35]

Et Jacqueline Cartier :

« Patrick Dupond, à son habitude, rafle les vivats des minettes, en majordome dandy et en Puck à qui la nudité ne va pas mal non plus. » [36]

« John Neumeier ? reprend-il. C'est une évidence, nous sommes faits pour travailler ensemble. »

Travail de recherche avec John Neumeier pour une séquence du film « Le Spectre de la danse » de Dominique Delouche.

CHAPITRE VIII

Le temps de vivre

Plus de deux ans ont passé depuis qu'est parue la première édition de cet album. Deux ans durant lesquels, clouant le bec aux oiseaux de mauvais augure, Patrick Dupond a prouvé qu'il est mieux qu'un danseur prodige. « Il ne travaille pas assez, il ne durera pas », prédisaient les uns. Et d'autres de marmonner : « Un livre sur lui, c'est prématuré... » Or, Patrick Dupond, Grand Prix de la danse 1982, est plus que jamais le représentant du ballet français dans le monde. Sa carrière a pris une tournure résolument internationale.

Brillant symbole, sa participation au gala donné le 13 mai 1984 à New York, à la faveur du centenaire du Metropolitan Opera, lui a valu la première page du *New York Times*. Peu de danseurs peuvent se targuer d'une tel honneur. Non plus d'ailleurs que d'avoir eu pour partenaire la légendaire Lilian Gish ! Pour cette soirée mémorable, Patrick Dupond avait jeté son dévolu sur « Le Spectre de la rose ». L'inoubliable interprète de « Naissance d'une nation » et d'« Intolérance » figurait, quant à elle, et avec tout l'aplomb de ses quatre-vingt-huit ans, la jeune fille assoupie à laquelle le « Spectre » apparaît.

Qu'il ait été fait appel à Patrick à cette occasion n'a rien de surprenant. A un abattage soufflant il ajoute, on l'a assez dit, un anticonformisme dont les Américains — ceux, du moins, qui aiment la danse

— sont friands. Mais il y a aussi que Patrick est un quasi-familier du MET. Il y a fait ses débuts en juin 1980 dans « La Bayadère ». Trois années plus tard, il s'y est produit avec le Ballet national de Marseille de Roland Petit.

« Dans « Le Jeune homme et la mort », je dansais avec Makarova. Quoique nous ayons obtenu un très grand succès, je dois admettre que le rôle du « Jeune homme » a été si précisément réglé pour Jean Babilée qu'il est difficile de le reprendre. »

Relayant un public enthousiaste, la critique new-yorkaise devait saluer parallèlement la performance de Patrick et de Jean-Charles Gil dans le pas de deux masculin des « Intermittences du cœur ».

« Faire mien le rôle de l'ange, face au démon proustien — Morel — incarné par Jean-Charles tenait du challenge. La partie de Saint-Loup avait été chorégraphiée pour Michaël Denard, et elle ne correspond pas à ce que j'appellerai mon « image ». Elle est toute de concentration et d'intériorité. Elle demande un contrôle de la lenteur et, simultanément, une grande puissance. »

Challenge tenu. Patrick Dupond et Jean-Charles Gil, les deux enfants chéris du public américain, se sont taillé un véritable triomphe.

En cette même année 1983, Patrick s'en retourne à New York, invité qu'il est cette fois par The Alvin Ailey American Dance Theater. Au programme : « Pas de Duke », un des ballets-fétiches de la compagnie, sur une musique du grand Duke Ellington ; ainsi que le solo en blanc d' « Au Bord du précipice », chorégraphie créée quelques mois plus tôt — très précisément le 8 avril — à l'Opéra de Paris.

« Je suis un fan d'Alvin, s'enthousiasme Patrick. Il a prouvé que l'on peut danser des choses superbes sur de la musique actuelle, qu'elle soit pop, rock ou jazz. Moi, je n'ai de préférence que pour les musiques qui me font vibrer, qui d'un seul coup me font flasher. Ce peut être Bach, Mozart ou Pat Metheny. »

Dans le cas particulier, c'est Pat Metheny et Lyle Mays. L'argument d' « Au Bord du précipice » est comme inspiré de George Bernard Shaw : « L'homme est capable de gravir les sommets les plus hauts, mais il ne peut s'y maintenir éternellement. » Toutefois, c'est à Jim Morrison, le leader des « Doors », mort à vingt-sept ans de ses excès et enterré au Père-Lachaise, qu'Alvin Ailey se réfère.

« C'est un ballet sur la solitude, un ballet dont le héros, happé par la vie de son temps, se tient au bord d'un précipice. Tombera-t-il ou va-t-il survivre ? »

Le chorégraphe explique encore :

« Ce ballet me fut dicté par des images de l'Amérique des années 1960, où grandissaient le malaise, la drogue, le sexe, le désir,

(Photo Yoshi Takata)

Couverture de « Dancemagazine », juillet 1984. △

Une formidable expressivité : *Au Bord du précipice* (1983). ▷

l'ambition, la cruauté, les rêves de succès.

» Ce ballet nous concerne tous, il évoque toutes les anxiétés de la création. Nous tous, nous nous trouvons au bord d'un précipice en essayant d'apporter quelque chose de frais, de nouveau et en nous maintenant au sommet, résolus à ne pas tomber. »

Qui mieux que Patrick Dupond est à même de personnifier cet être saisi par le vertige ? Au début, à grand renfort de tours, de sauts, de manèges, il dégage une juvénile sensualité. Mais sitôt sous « influence », il se laisse happer tel un insecte par la fleur carnivore que composent ses admirateurs et son entourage : trafiquants, loubards, fugueurs, impresarios, fans, groupies... Et lorsque, sur la fin, il tentera de reprendre sa première danse, ce sera dans un élan désespéré. Une brève lutte avec lui-même, et il s'écroulera, face levée vers le public.

« Un rôle fait sur mesure pour moi, commente Patrick, qui réunit tout ce que j'aime, à commencer par la progression dramatique. Ce fut l'éclatement total ! »

En juillet 1984, Alvin Ailey invite Patrick Dupond et Monique Loudières, sa partenaire — emblème ici de la femme, du désir, de la drogue — à danser « Précipice » à New York. C'est alors la première « saison » de la compagnie Ailey sur la vaste scène du MET. « Le succès de Dupond dans le rôle central est évident, atteste le chroniqueur américain Don Mac Donagh. Son incarnation d'un homme acharné et insouciant a obtenu un triomphe. » [37]

« J'aimerais beaucoup retravailler avec Alvin. J'adorerais faire « Revelations », par exemple. »

Boulimique, Patrick ? Non. Mais à l'instar de Rudolf Noureev, son nouveau « patron » à l'Opéra — il s'est vu confier la direction de la danse en automne 1983 —, Patrick Dupond éprouve une saine fringale. Il rêve de certains ouvrages de Neumeier, de Kylian, de Forsythe, de Robbins, de Tetley.

« Rudolf a demandé à Rudi van Dantzig et à Michael Clark de faire bientôt une création pour moi. Il m'a dit que c'est pour moi aussi que « Shadowplay » d'Antony Tudor serait remonté. »

Tout irait donc pour le mieux dans le meilleur des Opéras possibles ? Patrick nuance. C'est vrai qu'avec Rudolf Noureev — star entre toutes les étoiles — il y a eu des tensions, des frictions. « J'ai dû mettre un peu d'eau dans mon vin. Mais cette acceptation de la tutelle de quelqu'un peut aussi constituer un facteur de progrès. » Serait-ce là le commencement de la sagesse ? Pas si vite ! A un moment donné, Patrick a même songé à quitter l'Opéra : il était trop rarement « distribué », à son goût.

« Cette situation a tout de même eu du bon. J'ai eu le loisir d'aller

Au Bord du précipice, d'Alvin Ailey.

danser aux Etats-Unis, en Italie, au Japon. Avec le Ballet de Tokyo, j'ai donné, en effet, quinze représentations du « Boléro » de Béjart. »

Béjart ! De la rencontre du chorégraphe et du danseur, on peut tout attendre. Et l'on attend, non sans impatience, que les événements autorisent une grande création. La reprise de « Symphonie pour un homme seul » — ouvrage conçu en 1955 déjà... et qui n'avait pas été affiché depuis des années — est, à cet égard, particulièrement engageante. A la faveur des quatre galas appelés à marquer brillamment les vingt-cinq ans du Ballet du XXe Siècle, Patrick en donne une interprétation magistrale. A côté d'une Schonach Mirk cruelle et sensuelle, il fait saillir les doutes, les inquiétudes, les angoisses et la solitude de son personnage. La densité qu'il affirme, la sincérité qui l'anime confèrent une nouvelle « présence » à ce ballet.

« Symphonie pour un homme seul », c'est moi, dit-il avec conviction. Mes dons de comédien y sont aussi fortement sollicités que mes aptitudes physiques. Il ne fait pas de doute que « Symphonie » a représenté pour moi un moment « énorme ». Non seulement Maurice Béjart m'a aidé, poussé, mais il m'a donné ce ballet que je vais donc pouvoir danser à nouveau. »

Si le profane peut être tenté de mesurer la carrière d'un danseur-étoile au nombre de pirouettes qu'il tourne ou au nombre d'entrechats qu'il bat, ou encore à la durée des rappels, l'artiste véritable ne saurait se contenter de cette esbroufe. Une bête de scène comme Patrick a besoin, il est vrai, d'électriser la salle. A propos de cette fascination qu'il exerce sur le public, il confiait d'ailleurs à Frédéric Pourrieux :

« C'est complètement incontrôlable. C'est à la fois mon meilleur atout et mon pire ennemi : je peux, un jour, avoir plus de magnétisme qu'un autre, sans savoir comment l'expliquer. Je n'ai jamais essayé de le cultiver, car j'en détruirais toute spontanéité, qui en est l'essentiel. C'est en fait une énergie, une vibration qui est là et qu'il faut que je fasse sortir... »[38]

Un exemple : le « Don Quichotte » interprété avec Noëlla Pontois lors du gala final du 1er Concours international de Paris, le 10 novembre 1984. Le brio technique dont il fait montre n'explique pas à lui seul le saisissement de l'assistance. Aucun des seize lauréats qui l'ont précédé sur cette même scène du Théâtre des Champs-Elysées n'a fait passer un tel souffle.

Mais revenons-en à notre propos. Patrick, la maturité aidant, accroît ses exigences artistiques. Au-delà des pas et des mouvements susceptibles de faire briller sa virtuosité, il se concentre sur la psychologie des rôles qui lui sont attribués.

« Lorsque Noureev m'a donné Roméo, je me suis complètement investi dans le personnage. J'y pensais depuis plusieurs saisons ; en fait, depuis le « Roméo et Juliette » de Cranko où je dansais Mercutio. J'avais vu le film de Zeffirelli, j'avais vu la pièce également. Mais mon Roméo, je le voulais très personnel. Il s'agissait de le montrer passant de l'état d'enfant à celui d'adulte. Cette transformation s'accuse subitement quand il voit mourir Mercutio, son meilleur ami, son âme-frère, si je puis dire. L'enfant turbulent, gâté et léger fait alors place à un homme meurtri, déchiré. »

Patrick-Roméo : certains commentateurs se montrent surpris. A les entendre, ce Roméo-là sentirait trop son Mercutio. Monique Loudières, Juliette d'exception, n'est pas de cet avis.

« Roméo, c'est un personnage romantique, rêveur, joueur, un peu

Création à l'Opéra, en 1984, du *Roméo et Juliette* de Noureev. Patrick a le rôle-titre tandis que Cyril Atanassoff fait Tybalt.

fou. Patrick Dupond n'aura pas à se forcer pour interpréter le rôle, car il est Roméo et encore bien davantage dans la vie. Il est fou-fou, mais chaleureux, généreux, très fidèle en amitié comme en amour. Il a le tempérament italien de Roméo : il s'enflamme pour tout ce qui lui plaît, quitte à changer d'avis par la suite (...)

» Comme Roméo, il est très idéaliste et très changeant. De très naïf, il peut passer à très mûr, très profond, très cultivé. C'est tout cela qui éclate sur scène. »[39]

Patrick n'est pas en reste lorsqu'il s'exprime sur Monique-Juliette:

« Monique Loudières est une Juliette passionnée et lyrique. Avec elle, c'est tout ou rien. Autant dire que nous sommes faits pour nous entendre ! Mais si ça marche entre nous, c'est aussi parce que nous avons une vue sur la danse tout à fait identique : pour savoir bien danser, il faut savoir bien vivre. Autrement dit, donner la priorité à l'émotion sur la technicité. Le sentiment, à lui seul, sublime tout. »[40]

Monique Loudières – Patrick Dupond : un beau couple, bien accordé. Le même piquant, le même côté caméléon ; un peu plus de discrétion chez elle que chez lui, un peu plus d'équilibre peut-être, aussi. Mais le duo ne se veut pas exclusif. Patrick danse également avec Claude de Vulpian, Noëlla Pontois et Sylvie Guillem.

« Je suis contre les couples permanents, car il y a toujours quelque chose à apprendre d'une autre danseuse. Je suis ravi que Monique ait d'autres partenaires. Elle aussi élargit son champ d'expériences. Ensuite, nous pouvons mettre cet acquit en commun. »

Patrick privilégie l'échange, la relation, le contact.

« C'est pourquoi j'aime moins travailler des chorégraphies dont les auteurs sont morts. »[41]

Rudi van Dantzig, le directeur du Het Nationale Ballet d'Amsterdam, est venu à l'Opéra régler son « No Man's land ». Un ballet censé traduire les angoisses d'une jeunesse déboussolée, la « no future generation ».

« J'étais enchanté de cette occasion de travailler pour la première fois avec van Dantzig. D'autant que « No Man's land » permettait de donner une grande « première » à Sylvie Guillem qui est une danseuse extraordinaire. Cela dit, ce n'était pas une création. A la limite, je me suis senti frustré dans la mesure où je n'ai pas pu donner la pleine mesure de mes moyens. »

Dans « Marco Spada » de Pierre Lacotte, d'après Mazillier (1857), Patrick est également bien en peine de donner sa pleine mesure. Mais le pari que constitue l'obligation d'apprendre très rapidement la chorégraphie le stimule.

◁ Reprise de *Roméo et Juliette* (Cranko), en 1983.
Patrick danse encore Mercutio.

« Initialement, je ne devais pas danser « Marco Spada ». Un concours de circonstances m'a conduit à le mémoriser en trois jours. Cette assimilation précipitée a été facilitée par le fait que « Marco Spada », c'est la danse française à 100% ; c'est-à-dire des pas que l'on m'a enseignés lorsque je fréquentais l'Ecole de danse. Ce ballet que je trouve assez kitch ne demande pas une puissance d'interprétation particulière. Par-delà les prouesses techniques, il exige tout de même une certaine sensibilité et beaucoup d'humour... »

Tout ce qui a été dit jusqu'ici montre assez que Patrick Dupond, danseur, se plaît dans les extrêmes, échappant ainsi aux caractérisations trop réductrices. On voudrait le peindre sous les traits de l'idole chancelante d' « Au Bord du précipice » ? Ou sous ceux de l'adolescent perturbé de « No Man's land » ? Il se prévaut de « Marco Spada » comme de « Carnaval », d'« Arlequin, magicien par amour », et du « Bourgeois gentilhomme ». Allez vous y retrouver !

C'est que cette soirée « Commedia dell'arte » suscitée au printemps 1984 par Noureev permet à Patrick de faire assaut de bouffonnerie, d'effronterie et d'élasticité. Dans l' « Arlequin » d'Ivo Cramer — inspiré des divertissements « pantomimés » du XVIIIe siècle — son expressivité traverse le masque conventionnel dont il est affublé. « Carnaval » de Fokine qui lui vaut un loup sombre également, ainsi que le fameux collant aux losanges roses et verts dessiné par Bakst, le fait redoubler de ballon et d'allant. Alternant avec Rudolf Noureev dans « Le Bourgeois gentilhomme », il campe un Cléonte protéiforme. Tour à tour — et pour duper Monsieur Jourdain — maître tailleur, maître à danser, maître d'armes et fils du Grand Turc... Après « Le Fils prodigue », voilà un Balanchine qui lui va comme un gant. Il est vrai que, comme « Le Fils prodigue » qui date de 1929, « Le Bourgeois gentilhomme » (1932) appartient à la première

No Man's land, de Rudi van Dantzig, avec Sylvie Guillem.

période du chorégraphe. « Sonatine » (1975) que, de lui-même, il a décidé d'apprendre, lui convient moins.

« C'est certain. « Sonatine » ne requiert pas la même concentration psychologique que les grandes épopées genre « Roméo et Juliette ». Rien à voir pourtant avec le caractère prétendument abstrait de la chorégraphie. Bien sûr, mon tempérament s'accorde bien avec les développements psychologiques. Cependant, un ballet comme « Sonatine » offre aussi un support à des émotions, à des vibrations, voire à une sorte de narration. En revanche, j'admets que je ne m'imagine pas danser « Agon ».

Le croirait-on ? Il arrive qu'à tant se piquer au jeu, Patrick se surprenne lui-même. Ainsi d' « Icare », le chef-d'œuvre de Serge Lifar (1935). Dans le droit fil de son « Manifeste du chorégraphe », Lifar y proclame l'autonomie de la danse par rapport à la musique. L'accompagnement se réduit à des rythmes dictés par lui-même à J.E. Szyfer, avec le conseil d'Arthur Honegger. L'absence de tout enregistrement ne facilite pas les répétitions. Faute de mieux, les chefs de chant marquent les tempi au moyen d'une clé frappée sur une chaise.

« Je n'ai eu la révélation de ce ballet qu'une fois en scène. Une fois que je me suis retrouvé seul, faisant ma première entrée. J'ai alors réalisé qu'il me fallait l'intérioriser complètement, et l'actualiser. Sans m'identifier vraiment à Icare, j'en ai fait un jeune homme d'aujourd'hui. Une expérience intéressante, et assez semblable à celle de « Giselle » où il m'incombait de prouver également que l'on peut rendre crédible une danse susceptible de paraître révolue. »

Lourde tâche, pour lui comme pour Charles Jude qui est aussi distribué. Le rôle-titre n'a jusqu'ici été tenu que par son créateur, Serge Lifar, et, en 1962, par Attilio Labis — auquel il revient, en l'occurrence, de régler les parties d'Icare et de son père Dédale, tandis que Léone Mail et Gilbert Mayer montent les ensembles.

Pour Simone Dupuis, dans « L'Express », l'affaire est claire : « Patrick Dupond vient de trouver son meilleur rôle : le rêve adolescent de l'essor. »[42]

Le jeune danseur, par la grâce duquel le mythe est vivifié, n'est pas moins enthousiaste : « C'était génial ! »

Patrick Dupond est « à part ». Il le sait depuis toujours. Et surtout, il tient à le rester. Il l'est tellement que, sans même en être conscient, il renouvelle l'image conventionnelle du danseur.

L'image physique, d'abord. Jeans, T-shirt, baskets ou bottes de cow-boy, la journée. Le soir, « look » résolument 1985. L'image de marque, ensuite. Sa réputation a dépassé depuis longtemps les seuls cercles d'amateurs de ballet. En témoigne « Le Grand Echi-

En répétition : une concentration intense.

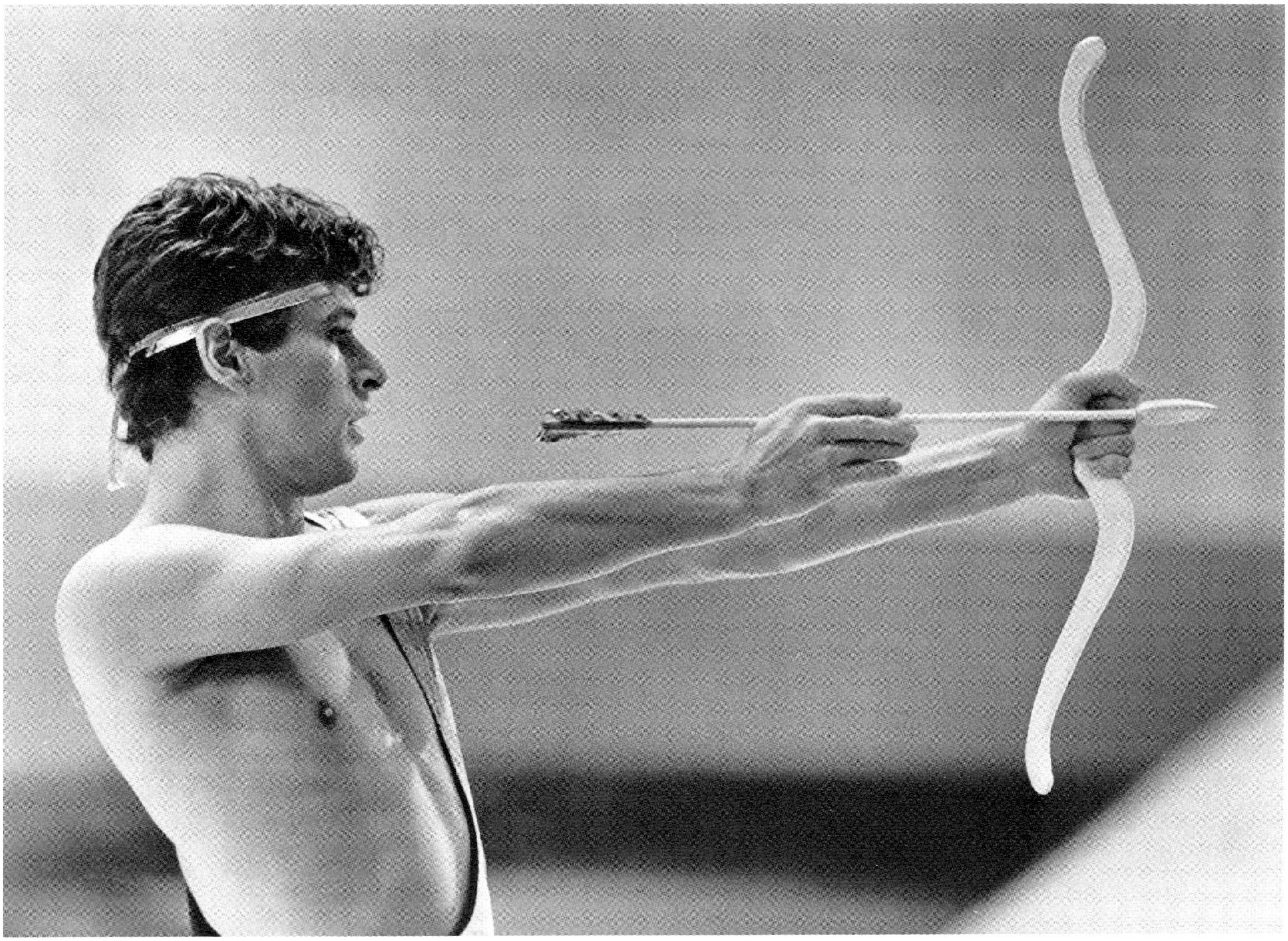

quier » que Jacques Chancel a prévu de lui consacrer, à la télévision française, le 18 mars 1985. Depuis qu'il bénéficie du concours d'un attaché de presse — le très efficace Hervé Bruère —, Patrick domestique quelque peu sa traditionnelle désorganisation. Il oublie moins souvent ses rendez-vous...

« C'est une erreur d'attendre de lui le comportement de tout le monde. Patrick n'est pas comme tout le monde. Je dirais que c'est un Martien. »

Le chanteur Francis Lalanne compte au nombre de ses amis les plus proches, de ceux qui l'ont le mieux saisi.

« Patrick suit son instinct. Si les autres ne comprennent pas toujours pourquoi il agit de telle ou telle manière, lui le sait.

» Il est capable de prendre un recul absolu, de se polariser sur une chose unique. Il donne souvent l'impression d'être tête en l'air, mais il peut se révéler ultra-efficace. Simplement, les priorités qu'il s'accorde ne sont pas toujours celles que l'on attend. »

Icare (1984), de Serge Lifar : quand l'homme tente de se libérer des lois de la pesanteur.

Icare.

Des visites de spectateurs dans sa loge, des appels téléphoniques, des lettres, il en a tous les jours. « Mes admirateurs, dites-vous... Les pauvres, je ne m'occupe pas beaucoup d'eux. Quand j'ai le temps, je leur réponds. »

Il a de moins en moins le temps. Pourtant, il l'aime bien, ce public qui est sa raison de danser. Tous ces gens qui, après le spectacle, font le pied de grue pour le rencontrer...

« Je crois n'avoir qu'un seul mauvais souvenir : en Italie, des dizaines et des dizaines de filles hystériques ont enfoncé une porte pour

avoir accès à ma loge. Il a fallu appeler la police. J'avoue avoir paniqué un moment. »

Se doute-t-on de la fatigue que cause la prise en charge de tant de rôles, et de rôles si exigeants ? Fatigue autant psychique que physique.

« Nous les danseurs, nous concentrons les émotions ; nous donnons le maximum dans un laps de temps très bref. »

Alors quoi ? Le bondissant danseur qui entre en scène, les « accus » chargés, alors qu'il s'est à peine « chauffé », aurait-il un jardin secret ?

« La nature est une source de sérénité. Elle m'est absolument indispensable. De même que les animaux. J'ai eu des chats, des écureuils. J'ai Mouche, maintenant. »

Mouche, son épagneul papillon, compagnon fidèle.

Avec Mouche.

« Mais un jardin secret... Disons que j'ai parfois besoin d'être seul. Que je ne me livre pas facilement. Il faut conserver une certaine pudeur, me semble-t-il. Disons aussi que j'ai parfois des moments d'abandon. »

Il aime pourtant sortir, en bon noctambule qu'il est.

« Mais je préfère les petits restaurants sympa aux boîtes bondées et enfumées où il faut crier pour se faire entendre. »

Couche-tard ?

« Quand je suis sérieux, je me couche à minuit. Sauf à la campagne où je dors plus tôt. A vingt-deux heures déjà. Je suis alors le premier levé. »

Faculté d'adaptation, d'assimilation. Patrick Dupond est poisson. Ascendant bélier. Son indépendance d'esprit n'est plus à démontrer. Il a appris à ne compter que sur lui-même. Et son autonomie, il

Dans sa loge, avant le spectacle. ▷

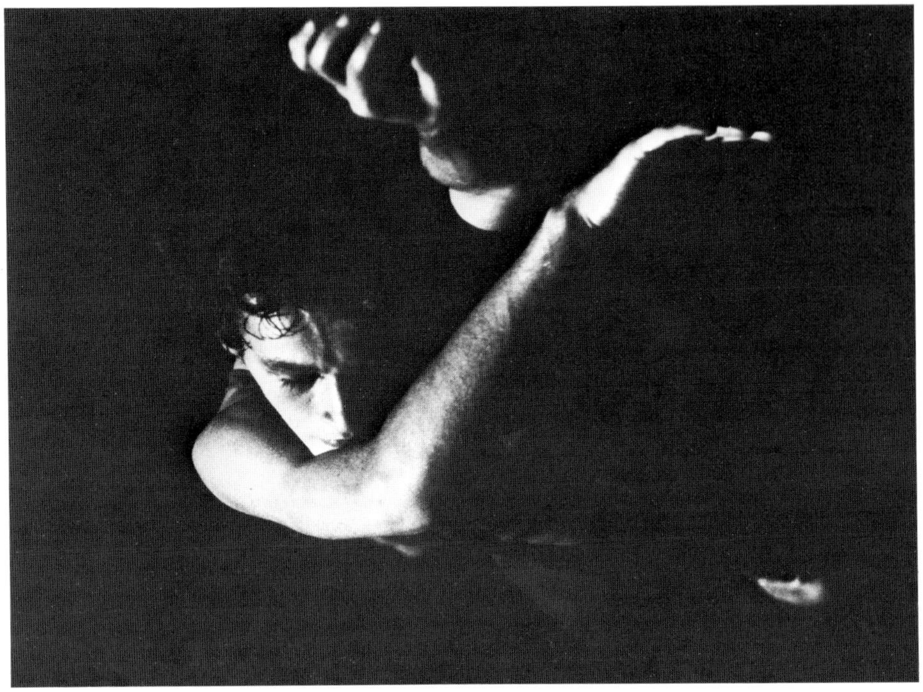

l'a tôt acquise. A dix-sept ans, il s'émancipait déjà de sa famille. Si peu qu'il l'admette, on constate tout de même que cette volonté de décider pour lui n'est pas sans faille. Bien rares sont ceux dont il accepte facilement le conseil. Et encore faut-il que ces conseils soient formulés de la manière adéquate. Sans quoi il se buterait.

« Patrick est un battant, reprend Lalanne. Il a horreur de perdre. Tant qu'il n'a pas gagné, il ne lâche pas le morceau. Il est doté d'une grande force intérieure. Sa fragilité, il ne la montre pas : il la garde pour lui.

» Patrick est un battant. Il aime se mesurer aux plus grands. Il aime se mettre en danger. Jamais il ne se considère comme arrivé. En cela aussi, nous nous retrouvons, lui et moi. »

Ils se retrouvent si bien que les débuts de Patrick dans la chanson s'effectuent sous le patronage de Francis. Car le danseur chante...

« ... Il chante juste, avec une jolie voix, confirme une de ses amies, la pianiste Elisabeth Cooper. Il a une oreille très musicale. »

Une chanson a déjà été enregistrée. Paroles et musique de Francis Lalanne. Son titre : « Je danse ». Evidemment. Le disque devrait sortir incessamment.

« Cet enregistrement a représenté pour moi une expérience formidable. J'ai appris là une autre façon de communiquer une émotion, en recourant à une autre forme de contrôle. »

Coup de tête sans lendemain ? Ou coup de cœur ?

« Ah ! non, même si cela ne marche pas, je recommencerai. Je suis trop emballé pour m'arrêter là. »

Et c'est vrai qu'il y a longtemps que Patrick envisage d'étendre son registre artistique. La danse ? Oui, toujours, d'abord. Mais aussi les variétés. Il aime écouter Barbara Streisand, Bette Midler, Vivian Reed, Billie Holliday, Ella Fitzgerald, Barbara, Al Jarreau et Francis Lalanne, bien sûr.

« Ma première chorégraphie, je l'ai réglée pour Corinne Schmitt. Elle avait un solo dans le show que Francis donnait en automne 1981 à Bobino. »

Il a même inscrit une petite danse de jazz à son répertoire. Une chanson de Ronnie Dyson chorégraphiée par Rick Odums : « A Song for you ».

« J'ai besoin de danser de temps à autre quelque chose de différent pour laisser respirer mon cerveau. »

D'autres l'ont fait avant lui. Et non des moindres. Il n'est que de penser à Mikhail Barychnikov dont le show télévisé avec Liza Minelli a fait le tour du monde.

La danse, la chanson ; la comédie musicale, peut-être, un jour... Le cinéma, sûrement. « J'étudie en ce moment trois projets dont un où le rôle qui m'est proposé n'est pas d'un danseur. »

Là aussi, il a d'illustres devanciers : Noureev, Barychnikov encore. Pourquoi pas lui ?

Devant tant de succès, face à tant de projets, ne lui arrive-t-il pas d'être pris de vertige ? Ce serait mal connaître ce titi parisien monté en graine et qui garde les pieds fermement ancrés dans le sol.

« Je n'ai pas le temps d'éprouver des angoisses métaphysiques. Je ne m'écoute pas.

» Lorsque j'ai été nommé étoile, je me suis trouvé devant l'alternative suivante : soit je menais une vie « pépère » de danseur, soit je continuais à évoluer et à faire ce qui me plaisait. C'est pour le second terme de cette alternative que j'ai opté. Je n'ai pas envie de m'arrêter là. Pour moi tout continue. Et même tout recommence. »

Patrick est Dupond — avec d — jusqu'au bout, voire jusqu'à l'excès.

Notes

1. *Cahiers de la Danse,* 63-64.
2. *Saisons de la Danse,* octobre 1976.
3. *Dance News,* septembre 1976.
4. *The Guardian,* 31 juillet 1976.
5. *Danse Perspective,* octobre 1976.
6. *SDLD,* octobre 1976.
7. *SDLD,* été 1976.
8. *Le Point,* 16 août 1976.
9. *Le Monde,* 17 décembre 1976.
10. *SDLD,* octobre 1977.
11. *New York Times,* 4 septembre 1977.
12. *Pour la Danse,* février-mars 1978.
13. *SDLD,* novembre 1978.
14. *In,* février-mars 1978.
15. *France-Soir,* 7 décembre 1978.
16. *Programme du spectacle,* Salle Favart, février 1979.
17. *Danse,* mai 1979.
18. *SDLD,* mai 1979.
19. *L'Aurore,* 26 mars 1979.
20. *SDLD,* novembre 1979.
21. *SDLD,* avril 1980.
22. *Dance Magazine,* septembre 1980.
23. *France Soir,* 3 novembre 1980.
24. *Pour la Danse,* décembre 1980.
25. *SDLD,* janvier 1981.
26. SDLD, avril 1981.
27. *Pour la Danse,* été 1981.
28. *SDLD,* octobre 1981.
29. *Le Quotidien de Paris,* 22 décembre 1981.
30. *Pour la Danse,* février 1982.
31. *SDLD,* février 1982.
32. *Le Parisien libéré,* 5 février 1982.
33. *Le Figaro,* 5 février 1982.
34. *Les Nouvelles littéraires,* 11 février 1982.
35. *Le Quotidien de Paris,* 7 mai 1982.
36. *France-Soir,* 10 mai 1982.
37. *SDLD,* octobre 1984.
38. *Danser,* octobre 1983.
39. *Opéra,* 21, octobre 1984.
40. *Opéra,* 21, octobre 1984.
41. *Danser,* octobre 1983.
42. *L'Express,* 23 novembre 1984.

Répétition du *Jeune Homme et la mort,* de ▷
Roland Petit.

Table des matières

I	La vie devant soi	7
II	L'enfant terrible	17
III	Le mauvais génie	29
IV	Le Petit Pan	39
V	La Dame de Pique	49
VI	Le fait du prince	63
VII	Le feu sacré	73
VIII	Le temps de vivre	89